折射集
prisma

照亮存在之遮蔽

D'un fragment l'autre:
Entretiens avec
François L'Yvonnet
Jean Baudrillard

当代激进思想家译丛
● 丛书主编 张一兵

片段集:
让·鲍德里亚与弗朗索瓦·利沃奈对话录

[法] 让·鲍德里亚 著　田争争 译

南京大学出版社

激进思想天空中不屈的天堂鸟

——写在"当代激进思想家译丛"出版之际

张一兵

传说中的天堂鸟有很多版本。辞书上能查到的天堂鸟是鸟也是一种花。据统计,全世界共有40余种天堂鸟花,在巴布亚新几内亚就有30多种。天堂鸟花是一种生有尖尖的利剑的美丽的花。但我更喜欢的传说,还是作为极乐鸟的天堂鸟,天堂鸟在阿拉伯古代传说中是不死之鸟,相传每隔五六百年就会自焚成灰,由灰中获得重生。在自己的内心里,我们在南京大学出版社新近推出的"当代激进思想家译丛"所引介的一批西方激进思想家,正是这种在布尔乔亚世界大获全胜的复杂情势下,仍然坚守在反抗话语生生灭灭不断重生中的学术天堂鸟。

2007年,在我的邀请下,齐泽克第一次成功访问中国。应该说,这也是当代后马克思思潮中的重量级学者第一次在这块东方土地上登场。在南京大学访问的那些天里,除去他的四场学术报告，更多的时间就成了我们相互了解和沟通的过程。一天他突然很正经地对我说："张教授，在欧洲的最重要的左翼学者中，你还应该关注阿甘本、巴迪欧和朗西埃，他们都是我很好的朋友。"说实话，那也是我第一次听到这些陌生的名字。虽然在2000年，我已经提出"后马克思思潮"这一概念，但还是局限于对国内来说已经比较热的鲍德里亚、德勒兹和后期德里达，当时，齐泽克也就是我最新指认的拉康式的后马克思批判理论的代表。正是由于齐泽克的推荐，促成了2007年南京大学出版社开始购买阿甘本、朗西埃和巴迪欧等人学术论著的版权，这也开辟了我们这一全新的"当代激进思想家译丛"。之所以没有使用"后马克思思潮"这一概念，而是转启"激进思想家"的学术指称，因之我后来开始关注的一些重要批判理论家并非与马克思的学说有过直接或间接的关联，甚至干脆就是否定马克思的，前者如法国的维利里奥、斯蒂格勒，后者如德国的斯洛特戴克等人。激进话语，可涵盖的内容和外延都更有弹性一些。这一新的研究领域已经开始成为国内西方左翼学术思潮研究新的构式前沿。为此，还真应该谢谢齐泽克。

那么，什么是今天的激进思潮呢？用阿甘本自己的指认，激进话语的本质是要做一个"同时代的人"。有趣的是，这个"同时代的人"与我们国内一些人刻意标举的"马克思是我们的同时代的人"的构境意向却正好相反。

"同时代就是不合时宜"（巴特语）。不合时宜，即绝不与当下的现实存在同流合污，这种同时代也就是与时代决裂。这表达了一切**激进话语**的本质。为此，阿甘本还专门援引尼采①在 1874 年出版的《不合时宜的沉思》一书。在这部作品中，尼采自指"这沉思本身就是不合时宜的"，他在此书"第二沉思"的开头解释说，"因为它试图将这个时代引以为傲的东西，即这个时代的历史文化，理解为一种疾病、一种无能和一种缺陷，因为我相信，我们都被历史的热病消耗殆尽，我们至少应该意识到这一点"②。将一个时代当下引以为傲的东西视为一种病和缺陷，这需要何等有力的非凡透视感啊！依我之见，这可能也是当代所有激进思想的构序基因。顺着尼采的构境意向，阿甘本主张，一个真正激进的思想家必然会将自己置入一种与当下时代的"断裂和脱节之中"。正是通过这种与常识意识形态的断裂和时代错位，他们才会比其他人更能够感知**乡愁**和把握他们自己时代的本质。③ 我基本上同意阿甘本的观点。

阿甘本是我所指认的欧洲后马克思思潮中重要的一员大将。在我看来，阿甘本应该算得上近年来欧洲左翼知识

---

① 尼采（Friedrich Wilhelm Nietzsche，1844—1900）：德国著名哲学家。代表作为《悲剧的诞生》（1872）、《查拉图斯特拉如是说》（1883—1885）、《论道德的谱系》（1887）、《偶像的黄昏》（1889）等。
② Friedrich Nietzsche, "On the Uses and Abuses of History to Life", in *Untimely Meditations*, trans. R. J. Hollingdale, Cambridge: Cambridge University Press, 1997, p. 60.
③ ［意］阿甘本：《裸体》，黄晓武译，河南大学出版社 2015 年版，第 7 页。

群体中哲学功底比较深厚、观念独特的原创性思想家之一。与巴迪欧基于数学、齐泽克受到拉康哲学的影响不同，阿甘本曾直接受业于海德格尔，因此铸就了良好的哲学存在论构境功底，加之他后来对本雅明、尼采和福柯等思想大家的深入研读，所以他的激进思想往往是以极为深刻的原创性哲学方法论构序思考为基础的。并且，与朗西埃等人1968年之后简单粗暴的"去马克思化"（杰姆逊语）不同，阿甘本并没有简单地否定马克思，反倒力图将马克思的批判精神与当下的时代精神结合起来，以生成对当代资本主义社会存在更为深刻的批判性透视。他关于"9·11"事件之后的美国"紧急状态"（国土安全法）和收容所现象的一些有分量的政治断言，是令西方资本主义国家政要为之恐慌的天机泄露。这也是我最喜欢他的地方。

朗西埃曾经是阿尔都塞的得意门生。1965年，当身为法国巴黎高师哲学教授的阿尔都塞领着整个西方马克思主义科学思潮向着法国科学认识论和语言结构主义迈进的时候，那个著名的《资本论》研究小组中，朗西埃就是重要成员之一。这一点，也与巴迪欧入世时的学徒身份相近。他们和巴里巴尔、马舍雷等人一样，都是阿尔都塞的名著《读〈资本论〉》（*Lire le Capital*，1965）一书的共同撰写者。应该说，朗西埃和巴迪欧二人是阿尔都塞后来最有"出息"的学生。然而，他们的显赫成功倒并非因为他们承袭了老师的道统衣钵，反倒是由于他们在1968年"五月风暴"中的反戈一击式的叛逆。其中，朗西埃是在现实革命运动中通过接触劳动者，以完全相反的感性现实回归远离了阿尔都塞。

法国的斯蒂格勒、维利里奥和德国的斯洛特戴克三人都算不上是后马克思思潮的人物，他们天生与马克思主义不亲，甚至在一定的意义上还抱有敌意（比如斯洛特戴克作为当今德国思想界的右翼知识分子，就是反对马克思主义的）。可是，在他们留下的学术论著中，我们不难看到阿甘本所说的那种绝不与自己的时代同流合污的姿态，对于布尔乔亚世界来说，都是"不合时宜的"激进话语。斯蒂格勒继承了自己老师德里达的血统，在技术哲学的实证维度上增加了极强的批判性透视；维利里奥对光速远程在场性的思考几乎就是对现代科学意识形态的宣战；而斯洛特戴克最近的球体学和对资本内爆的论述，也直接成为当代资产阶级全球化的批判者。

应当说，在当下这个物欲横流、尊严倒地，良知与责任在冷酷的功利谋算中碾落成泥的历史时际，我们向国内学界推介的这些激进思想家是一群真正值得我们尊敬的、严肃而有公共良知的知识分子。在当前这个物质已经极度富足丰裕的资本主义现实里，身处资本主义体制之中的他们依然坚执地秉持知识分子的高尚使命，努力透视眼前繁华世界中理直气壮的形式平等背后所深藏的无处控诉的不公和血泪，依然理想化地高举着抗拒全球化资本统治逻辑的大旗，发自肺腑地激情呐喊，振奋人心。无法否认，相对于对手的庞大势力而言，他们显得实在弱小，然而正如传说中美丽的天堂鸟一般，时时处处，他们总是那么不屈不挠。人类社会发展的历史已经明证，内心的理想是这个世界上最无法征服也是力量最大的东西，这种不屈不挠的思考和抗争，常常就是燎原之前照亮人心的点点星火。因此，有他们和我们共在，就有人类更美好的解放希望在！

今夜，我梦到了真实，能够从中醒来是多么大的慰藉！

——斯坦尼斯瓦夫·莱克（Stanislaw Lec）

目　录

译者序言 ·· 001
1. 不合时宜的片段 ····································· 001
2. 活动家的片段 ·· 025
3. 格言的片段 ·· 034
4. 片段与分形 ·· 052
5. 人类学的片段 ·· 076
6. 命运的片段 ·· 091
7. 片段与病毒 ·· 109
8. 光的片段 ··· 131
9. 片段的片段 ·· 158

译者序言

本书于2001年在法国首次出版,以对话的形式收录了弗朗索瓦·利沃奈(François L'Yvonnet)对让·鲍德里亚(Jean Baudrillard)之生平和写作的一系列访谈。虽然鲍德里亚在此前出版的著作中多少已经讨论过自己的思想历程,但在这本书中,我们能瞥见更多未曾披露的信息,能看清他是受到了或者遭遇到了哪些观点或作者的直接影响:尼采、巴塔耶、亨利·列斐伏尔(Henri Lefebvre)、菲利克斯·加塔利(Félix Guattari)和马克思等。也正是在访谈中,鲍德里亚更直白地祖露了他对"9·11"事件这类社会时事政治的看法。

鲍德里亚可以说是20世纪60年代风起云涌的法国思想界中最有争议的一员。他于1929年出生在法国东北部的城市兰斯(Reims)的一个农民家庭,后考入著名的巴黎亨利四世中学(lycée Henri Ⅳ)。但随后,他在巴黎高等师范学院入学考试中失利;于是转入巴黎索邦大学完成了德语语言和文学学位的学习。但由于未能通过大学教师资格考试而无法进入学术精英的圈子，只好在高中教了多年德语。在 20 世纪 60 年代，他由于大量德文译著而小有名气，其中包括马克思的《德意志意识形态》，彼得·魏斯（Peter Weiss）、米尔曼（Mühlmann）和荷尔德林等人的作品。也是在这个时候，他转向了社会学研究，并在列斐伏尔的指导下获得了法国巴黎高等研究实践学院（École Pratique des Hautes Études）的博士学位，并从 1966 年起在巴黎十大（Université Paris Nanterre）任教。伴随着他的博士论文《物体系》（Le Système des Objets）在 1968 年的出版，他作为一名社会理论家而受到了更为广泛的关注。值得一提的是，鲍德里亚还是一位业余摄影师。我们在这本访谈录中将会看到，他不仅出版过一本《论摄影》（Sur la photographie），而且还举办过个人摄影展。

　　1990 年，与法国国内学术圈格格不入的鲍德里亚突然在大洋彼岸的美国走红。随后，他受邀多次到美国各地演讲，这也让他成了当时后结构主义及后现代主义最时髦的代言人之一。他发表在报刊上的时政评论《海湾战争不曾发生》（La Guerre du Golfe n'a pas eu lieu），以及为"9·11"事件所写的文章《恐怖主义的精神》（L'Esprit du terrorisme）更是打响了他作为大众媒体批评者的名声。在本书中，我们也将看到他对于大众媒体、不幸和"恶"等问题的独特思考。

本书的另一位对话者弗朗索瓦·利沃奈则是鲍德里亚的好友，也是一位哲学家和出版家。除了鲍德里亚之外，他还为西蒙娜·薇依（Simone Weil）、汉学家弗朗索瓦·于连（François Julien）等人写过思想传记，也出版了不少专访和对话录。与一般的记者不同，在他的专访中我们看到的不是一问一答的形式，而是两个熟悉的朋友之间平等、自然的交谈，互相都会发表各自的观点：采访者像是一位主人，被访者则是他邀请的客人；让客人尽兴地表达自己就是对主人最好的回报。诚如鲍德里亚所言，片段（fragments）是对抗碎片（débris）的唯一办法；二人之间的对话正是这样一种片段，是思想之可能性的理想载体。

与前八章对话体的形式不同，本书最后一章是鲍德里亚自己写作的一段"独白"，也是其片段式写作的典型形式。对话录必然无法像论文那样严谨和清晰，注释也不够全面和完整。因此，为方便读者理解，译者在参考英译本做法的基础上添加了一些注释，都以脚注形式标出。文中以仿宋字体标出的是利沃奈的发言，而鲍德里亚的回应则是宋体以便区分。

1. 不合时宜的片段

> 如尼采所建议的，我们可以用锤子敲打概念，使其不断回响，以便通过耳朵来评判它们——这也是一种适合我们进行访谈的方式——也正是像尼采这样闪耀着光芒的人陪伴您度过了青少年时代……

这是一段时明时暗（à éclipses）的关系，我不知是否可以这样说，这关系处在长久的遮蔽（immense éclipse）①中……我曾经对尼采非常狂热，也很早就读了他的作品。上了哲学课后，我甚至有幸在德语教师资格会考的笔试和口试中考到有关他的题目——然而我考试落榜了，评委完全不认可我的解读。这是尼采的报复，除非他阻碍我通过会考可以在日后被看作为了助我一臂之力……之后，我彻

---

① 法语中 éclipse 来自希腊语 ekleipsis，意即一个天体被另一个天体所遮蔽的现象（如日食、月食），也引申为（从公众视野中）消失、间断，此处翻译为"遮蔽"。——译注

底停止阅读他的著作,我把他埋藏在一种近乎无意识的记忆中(mémoire quasi viscérale),而仅仅保留了我最想保留的那一部分。我时不时地想起他思想的这一方面或那一方面;有时他的思想以一种近似格言的记忆在我脑海中涌现。这种遮蔽持续了很久,但无论如何我已经身处和尼采的关联之中了(sur l'écliptique)①。总而言之,尼采之于我——在严格的意义上说——从来不是一个参考的对象,而只是一段难以抹消的记忆。

然而曾经有一段时间,尼采是一个必需的参考:从米歇尔·福柯到吉尔·德勒兹(Gilles Deleuze),当然还有让-弗朗索瓦·利奥塔(Jean-François Lyotard)和菲利普·索莱尔(Philippe Sollers)及其同僚——他们每个人都有自己"随身携带"(portatif)的尼采,在这几十年争先恐后地讨论着他的思想!

我对围绕着尼采所展开的这些争论完全不感兴趣。相反,我现在倒是想重读他作品的德语原文了。在循环的终点,即使我们不能重新回到起点,也至少能发现某些开端之处的事物,那些非常强大的事物!可是我不希望被贴上

---

① 法语中 écliptique 指黄道,作者在这里用日食的天文现象作为隐喻,说自己"在黄道上"(sur l'écliptique),实际上是想说,即便尼采隐没在了他的无意识之中,但尼采对他的深刻影响已经形成了。——译注

标签、做成索引（indexé），哪怕这意味着我的名字能够和那些最好的作品放在一起。我并不是说某些东西已经改变了——尼采早就以一种不合时宜（unzeitgemäss）的方式印刻在我整个人之中，正如他自己说的，一种不合时宜（intempestif）的方式。

我写作的开端，也同样是一个具有特定现时性（actualité）的事件。我曾经短暂忘却了尼采思想闪耀的天才光芒，而是更直接地进入政治的、社会符号学的（sémio-sociologique）领域中。

> 在和您讨论尼采的时候，我立马想到谱系学（généalogie）方法。这样的方法能够挖掘出隐藏在概念背后的东西，并发现它们真正的基础是什么……

这正是我所践行的方法；我所使用的材料则是世界性事件。在我看来，思考不能借助除此之外的方法。在这个意义上，尼采是一个真正独特的思想家，我再没有见过任何一个像他这样的人。但我的哲学背景相对薄弱，尤其是涉及那些经典的哲学家，如康德、黑格尔，甚至是海德格尔时——他的作品我当然读过，但不是用德文，并且也只是些片段。也许一个人一生只能认真研究一位哲学家，就像我们一生只能有一位教父，或者就像我们一生只能有一种理念（idée）。而尼采之于我正是这样一位作者，我行进在其巨大的阴影下——即使是不情愿地——而且我并没有真正地意识到这一点。我时不时引用他的话,虽然并不经常这么做;而且我也从未想要把他写入著作中,或为了我个人的目的改写他的思想。哪怕我现在要重新回到尼采,也只是因为我想要以格言的形式,在写作或摄影中回到尼采。尼采式的格言常常是如此的广袤,在其中除了格言本身还包含着其他东西。但即便如此,我们依然能够对尼采的思想有一种格言式的,而非哲学式的或意识形态式的运用。

或者是一种政治上的运用,当然了。您说一个人一生只能有一个主要的思想;与之相反的是,有一种顽固然而很现代的妄想会认为:当我们衡量一位思想家的著作时,应当关注的是其主题(motifs)能否在时代的流转中始终保持新意(nouveauté)。说得好像那些宏大的哲学思想从来都不是发端于某个单一而又伟大的观念似的!

我们可以有成千上万个观念(idées);但思想(une pensée)却是另一码事!我认为事实上一个人一生只能有一个思想。

一直居于您心中的那个思想是什么?

这是个好问题,但同时也是个错误的问题(fausse

question）。我们不可能从一个仍然很模糊的、仅仅是个人思想（pensée personnelle）的星丛出发来预先构想出一个欧米伽点（le point oméga）①。

我认为，比如对于克莱蒙·罗塞（Clément Rosset）②来说，他的全部作品只是在表明现实（réel）的简单性（simplicité）——它的"愚蠢"（idiotie）。而他一直在做的不过是不断钻研这个产生于他青年时代的"直觉"……笛卡尔也是一个例子，正是他的三个梦境向他启示了那个著名的方法论……在以上的例子中，这些思想都是在青年时代产生的！

我记得最初让我迷恋的问题是物，但我对它的理解是一种和物有关的魔力（magique）。在对物的批判、对物体系的批判和消费社会的批判背后，存在着物的魔力（magie）——也就是说，一个梦想之物（objet rêvé）。不管怎么说，这很明显是意欲扫除一切基于哲学主体的文化。

---

① 欧米伽点是法国哲学家、神学家和古生物学家德日进（Pierre Teilhard de Chardin）提出的一种假设。他认为人类是通过"合而创造"、"联通领圣"、集成、综合、统一、凝聚，由简单到复杂，由低级到高级，由组织结构松散到组织结构富集，由量多到量精，伴随着"意识"含量的逐渐提高，最终趋于一个终极目的的必然过程。他把这个人类进化的终极目的用最后一个希腊字母 Ω 来表示，叫作欧米伽（omega）点。到达 Ω 点后，人类将全知全能，因此 Ω 点也被称作"上帝之点"。——译注

② 从 1960 年他年仅 20 岁时出版的第一本书《悲剧的哲学》（*La Philosophie Tragique*）开始到最新出版的《远离于我》（*Loin de Moi*, 1999），克莱蒙·罗塞所创造的就是一种从根本上快乐的、无条件地且全面地肯定生命的哲学。

这就回到尼采对于主体的嘲笑上了——对他来说，"我"不过是一个语法的虚构（fiction grammaticale）。"在过去，人们信仰灵魂，就像如今他们信仰语法。"

尼采当然是批判者之一。但对主体的批判也有其他的根源，那就是荒诞玄学①。我和荒诞玄学的邂逅要归因于我的哲学老师埃马纽埃尔·P.（Emmanuel P.），他后来主持了荒诞玄学学院。

您曾在兰斯上高中，那里是《大博弈》②的诞生地。其创刊人雷内·道马尔（René Daumal）、罗杰·吉尔贝尔-勒孔特（Roger Gilbert-Lecomte）、罗杰·瓦兰（Roger Vaillant）共同的计划就是要"使人们对自己和社会绝望"……

埃马纽埃尔·P. 曾和我们讲起过，但我在更晚一些才对《大博弈》发生兴趣。我意识到那确实是一个思想流派，并且觉得和他们意气相投。我要承认的是，在我出生的城

---

① "荒诞玄学"（pataphysique）来自希腊语 τὰ ἐπὶ τὰ μεταφυσικά，意为"在形而上学（métaphysique）之上"，是对形而上学的希腊文 τὰ μετὰ τὰ φυσικά（物理学之上）的戏仿。根据它的提出者法国作家阿尔弗雷德·雅里（Alfred Jarry）的定义，荒诞玄学是"关于想象的解决之道的科学，以一种象征的方式将物的性质——根据其潜在性被定义——归因于它的某种形貌特征"。——译注

② 鲍德里亚在此地读书时是20世纪40年代，而下述三人活跃在20世纪20年代。当时还是高中生的三人创办了一本叫《大博弈》（*Le Grand Jeu*）的文学期刊。其内容深受荒诞玄学及其个人的叛逆精神影响。——译注

市兰斯——虽然我并没有对她产生特别的思乡之情——曾经有过这样一段思想的历险，那对我来说是一种特殊的快乐。回到荒诞玄学的问题，它之于我——尤其是在一开始接触它时——可以说是一次相当冷酷无情的扫除。

它无情地扫除了什么？

我在高中时曾是一个非常优秀的学生，但那时的我有一段现在看来令人吃惊的经历……在某些时候，我也会后悔那段时光——我的"青年兰波"（juvénile rimbaldien）时光……（要求我）进行"智力的牺牲"（sacrificio de lintelletto）①——这便是荒诞玄学对我的存在所施加的影响。即便没有接触荒诞玄学，也许同样的事还是会借由其他的方式发生；但应该承认的是，荒诞玄学的尖刻，它去除污垢的方式，是带有毒性的。我一下子就陷入一种文化上的反移情（contre-transfert）②之中。

之后我便产生了重新从零开始的念头，就是想要扫除我所积习的一切。在中学时代我已经积累了相当程度的基

---

① "智力的牺牲"（拉丁文：sacrificium intellectus）系耶稣会信条之一，即"第三牺牲"。它由耶稣会创始人伊纳爵·罗耀拉（Ignatius Loyola）提出，要求耶稣会士除了对神在外在的行为上顺从之外，也要在意志上与作为最高者的上帝同一。即顺从上帝的意志并使其成为自己的意志，而不是擅自使用自己的理智来判断。——译注

② "反移情"一词来自拉康，参见《著作集》（Écrits）中"治疗的方向及其力量的原则"（La direction de la cure et les principes de son pouvoir）一节。——译注

础知识，我厚颜无耻（cyniquement）地在大学继续吃老本。那时我就算不学习也能轻轻松松地通过考试。也就是在那时，我与过去的决裂发生了！我最初的文章不是学术论文，而是一些难以归类的东西——是关于诗的。它们都已经收录在《灰泥天使》（L'Ange de stuc）中。在之前也有些类似的作品，但早已被我烧作了灰烬……我和语言最初的联系（rapport）并非概念式的，而是更本能的（viscéral）、更诗意的……

> 而您也经由某种途径回到那种联系中……

确实，我现在正处在这种回归的关头。比方说，我想要重拾自己曾翻译的一些荷尔德林的作品，当然还有尼采的，甚至包括在一些特定分析背景下的荒诞玄学著作。我想要以一种理论化的方式研究完全真实（réalité intégrale）的问题，以及依托我们所有的技术和体系对世界进行真实化（réalisation）的问题。一旦实现，这样的完全真实将是典型的愚比王式①的成就！荒诞玄学可以说是对这个现象的唯一回应，这回应也就是它所进行的彻底混淆——它并不是批判性的，也不是超越性的，而是对完全真实进行完

---

① 《愚比王》（Ubu Roi）是阿尔弗雷德·雅里于1896年发表的剧作。在其中，作者虚设了一个时空背景，讲述了深得国王宠信的龙骑兵尉官愚比爸在愚比妈的怂恿下，与保杜尔上尉等谋反者一起干掉了国王。登基后的愚比爸大肆敛财、任意杀人，干尽伤天害理之事。最后在前太子布格拉斯的讨伐下仓皇逃命。《愚比王》的主人公愚比爸语言粗俗、良心败坏、不思悔改然而最终逍遥法外，加之整个故事情节似乎是对《麦克白》的戏仿，这在当时引起了巨大的争论。——译注

美的同义反复。它是科学的科学——而同时，它也是完全真实的畸变（monstruosité）形式。荒诞玄学既是一门关于假想的解决方法（solutions imaginaires）的科学，同时也是一部关于它的神话。这种假想的解决方法也许正是最终的解决方法，而它构成了事物的真实状态。

如果要回归荒诞玄学，并不是在争论或解决方法的意义上，而是说这样的回归本身就是想象的，是一种独特的视野（horizon singulier）。但我并不想在此多费口舌，否则将会是完全的悖论，因为我们并不能给荒诞玄学的冒险赋予任何哲学的或者形而上学的地位！荒诞玄学始终是一场游戏，并同时是暴力的催化剂（ferment violent）。我曾经有机会在一篇关于安托南·阿尔托（Antonin Artaud）和荒诞玄学的文章中以一种诗歌-隐喻（poético-métaphorique）的方式阐释我的观点。当时我二十几岁，正在两者之间徘徊不定。我将残酷戏剧——它那鲜血淋漓的、野蛮的、生硬的残酷——和与之完全相反的荒诞玄学对立起来：对荒诞玄学来说，不存在原始的情景（scène primitive），没有处在野蛮和残酷状态中的事物——所有一切都已经是一场虚拟的幻觉效应（fantasmagorie virtuelle）……这篇文章直接题献给了埃马纽埃尔·P.，后来它被写进了亨利·托马斯（Henri Thomas）的小说《被盗走的季节》[①]中，其标

[①] 据考，此书应名为 *Une Saison Volée*，已在 1986 年由伽利玛（Gallimard）出版社出版。后文所谓影射兰波指的是其诗集《地狱一季》（*Une Saison en enfer*）。——译注

1. 不合时宜的片段

题影射了兰波的一本书。埃马纽埃尔 P. 有这本书的初版。

实际上,荒诞玄学对我来说就好像某种秘传的题外话(parenthèse ésotérique)。但最终,从这种完全真实——这种关于真实性(réalité)、现实和理性(rationnel)的完整主义(intégrisme)——的视角来看,我们不过是处在彻底的荒诞玄学的情景中而不自觉罢了!

不管荒诞玄学自己是如何的,一切都处在愚比王式的情景中!

但应坚决避免理论上的拼贴,要维护荒诞玄学其自身怪诞的灵晕(aura funambulesque),使其保持作为来自外部的激进假设的地位。对于描绘这个像愚比王一样被填满的、溢出的、已经饱和的世界来说,荒诞玄学仍是十分珍贵的。它是"残酷"自身的形象——那被过度吹捧、洋洋自得的形象。而正是这样的愚比王形象与我们的环境交相呼应!

而愚比王在他无聊的时候就决定发动战争!

而且他把自己的良心关在手提箱里[①]!但对我来说荒诞玄学现在也不再是一个参考了——事物就应不断地消

---

① 参见《戴绿帽的愚比》(*Ubu Cocu*),第一幕第四场。——译注

逝！无论我们是在讨论尼采、荷尔德林、荒诞玄学还是其他什么学说，这些思想都应发生字符变换（ces pensées s'anagrammatisent）。也就是说，要遗忘概念或定义，因为它们只能在不断变换字符的意义上持存。一切都应消逝、消散，就像在诗歌里上帝之名的字符变换那样。

这让人想到博尔赫斯和他在一篇文章中对卡巴拉（Kabbale）① 的论述，他说卡巴拉不是博物馆里的收藏（objet de musée），而是对思想的隐喻。

博尔赫斯是我想象中的作者目录（nomenclature imaginaire）——也就是我理想的动物寓言集（bestiaire idéal）——中的一员。如果我们想要继续沉湎于这个精神游戏的话，与之并列的还有本雅明、罗兰·巴特……碰巧都是以"B"开头的人名，还有比如波德莱尔。

一个人的世系（filière）总是后天（a posteriori）建构的，因为它最终将合流在声称拥有这世系的那个人身上。它并非自在的存在，而只是因循其目的才存在。所以，我们应该有能力承担这样的世系而不凭借任何目的论的帮助……

---

① 相关论述收录于 Borges, *Conférences*, Paris: Gallimard, 1985。

1. 不合时宜的片段

其实，这始终不过是一种被理想化了的回溯。在其中应当加上兰波或者阿尔托，因为我最先拥有的其实是诗的"血脉"（veine）。

关于残酷的概念——通过系统化地求助于不和谐要素来寻找那些具有破坏性的矛盾——安托南·阿尔托正是通过这种方式充分发展了那些主题。它现在依然是可操作的吗？

阿尔托的梦想是清除那些对身体——处于其残酷性中的身体（corps dans sa cruauté）——构成了障碍的表象。身体就在那里，即便其生存并不容易，但身体就是其自身表演法（dramaturgie）的实践者。问题在于找到一个能够实行这种理论的剧场。但我认为，从他自己的剧场算起，就没有一个剧场能够真正做到他所梦想的那样……残酷戏剧是无法通过不断累积暴力和乱伦来达成的！我们还能不能够用残酷的方式、用血的方式来思考，以反对关于意义的思考方式？这样一种剥皮（écorchement）还是否可能？阿尔托的思想有着难以类比的独特性，而且仅仅是扩展或者重复他所做过的事情是毫无意义的，即便它对应的是某一世界的袒露（dénudation）。

始终都存在着一种对形而上学的基石进行整体性

颠覆的意欲……

对阿尔托来说，总是有着一个身体；身体的蜷曲（méandre），包括性（sexe）在内，可被视为一种彻底的骚扰（harcèlement total）。其中有着想要通过消灭这一切以发现某种不为人知的物质的欲望。阿尔托还梦想着一种基底（socle）、一种暴行（atrocité）、一种凶残（férocité）、一种野蛮——这些都是我们也曾或多或少地梦想过的。但今天，我们可以梦想另一种更激进的选择——这是一种恶，但不是来自身体的暴力，而是来自更为形而上学化的暴力，比如说来自幻象（illusion）的暴力。在某种程度上，阿尔托也处在幻象之中，残酷本来就是一种幻象；而世界是残酷的，因为它就是一个幻象。但我觉得很难把这种关于残酷的经验和今天的世界联系起来。

阿尔托和荒诞玄学——我对两者同样着迷——在我看来是不可调和的。荒诞玄学的世界远比阿尔托的要显得绝望，后者紧紧盘绕着想象，并有着一套语言（langue）。这也许是疯狂的言语活动（langage），或者"说方言"①，但是残酷确实是被言说了——这至少不是什么也没有。残酷戏剧的终极可能性仍然存在，它即便不是关于表象的，也至少是关于象征性的戏剧表演理论的（dramaturgie

---

① "说方言"（glossolalie）是指以类似于听不懂的方言的某种话语高声祈祷。说方言通常是宗教活动的一部分。——译注

symbolique)。在西班牙摄影师内夫雷达（Nebreda）的作品中也是如此：他摆弄自己的身体，自己的死亡，但他最终还是能把这些当作材料来言说，像打嗝（éructation）一样把它们生产出来。在一个不可能之情景的边界上，有着一种行动（acte）——不是语言学意义上的——而是用行动**演绎出来**（acting out）。内夫雷达曾隐居二十年；他将自己的身体作为牺牲，以高超的、精湛的技术拍摄自己。

阿尔托同时也提出了一个根本性的问题：对于不可还原的独异性（singularité），我们能做什么？我们正在谈论的一切，都是有意义的话语（discours sensé）。对于那些同时是这种话语的受动者和施动者的人，在某种意义上我们不能对他们做任何事；你不能从中吸取经验教训，或者通过他们的经验分析世界。每个人应该有其无可逃避的（inexorable）独异性，但并不是所有人都有机会变得疯狂，或者变得像安迪·沃霍尔那样成为一部机器。

现在还有独异性的容身之处吗？

我们可以希望如此。如今你所看到的那些——不管是政治的独异性或者其他的什么——在很大程度上是反应性的（réactionnelles）或者发泄式（abréactionnelles）的。至于艺术，我们很难看出它具有另一种出路。我们都有这样一种印象，即所有产品都是同一个世界的一部分。对于荒诞玄学来说，独异性早已不复存在，大吉杜伊尔（La Grande Gidouille①）不再是一种独异性，而是一个超越性的腹语术（ventriloquie），正如利希滕贝格（Lichtenberg）所说的那样。我们都是处在一个充气的宇宙中的帕洛丹们（Palotins），荒诞玄学的屁（pet）从其中逸散出来……阿尔托则是一个极端（extrémité），是一个变得残酷的形而上学的极限（extrême limite）。但在其中，仍然保留着形而上学式的希望所投射下来的阴影，依然有着野蛮的责难，后者是形而上学的本质。然而荒诞玄学，就像它的名字所表明的，已经将这些统统扫除了。我们不会再把它变成一项终极的权威裁决（instance ultime）；如果说它可以被称为某种最终结果（aboutissement），那也只是在作为废除（abolition）的意义上；在其中没有幻象，有的是一种纯粹的幻象主义（illusionnisme pur）。作为一种超批判（hypercritique）或极端批判（ultra-critique）的思想，远比批判思想更加具有批判性——没有比它更好的了。

也许还有着一种打开缺口的可能性？

也许可以通过找到某种幻象——它既激进又残酷，是

---

① 大吉杜伊尔教团（L'ordre de la Grande Gidouille）是荒诞玄学学院的一个机构，雅里在《愚比神父年鉴》（*Almanach du Père Ubu illustré*，1899）中提出。学院的主要成员都是教团成员，但教团成员不一定必须是学院的一员。——译注

世界之所是的图像。世界的幻象——如果我们知道如何看到它的话——是存在的，它不一定必须是暴力的；它可能是别的东西，一个平行宇宙（univers parallèle）。生活本身就是一个平行宇宙："生活发生在我们在做其他事情的时候。"在一个整体化的、中心化的、同心的（concentrique）宇宙中，只存在偏离中心的（excentrique）可能性。到处设立的都是平行的进程、平行的社会、平行的市场。整体化（intégration）必然产生偏离中心的区域，无论好坏。

即便是在独异性中，我们也能发现剩余（l'excès）。

实际上，这是我所说的恶的透露（transpiration du mal）的另一个方面。世界处在它的残酷之中，这就是恶。如果我们试着吸收它，使它减少，它就会产生转移（métastases）和赘生物（excroissances），正如我们刚刚所讲到的那样。这就是目前我最感兴趣的东西，关于平行宇宙……即便我没能力跟上微观物理学发展进程的前沿，但他们所说的关于平行宇宙的一些东西确实非常有趣。然而，并不一定只能在物理学中研究平行宇宙——它就在日常生活中！

*

如果您不阅读或者很少读那些大哲学家们的著作，

那您至少和文学的关系更加紧密；不仅仅是法语文学，还有那些"野性的"（sauvage）文学？

确实，我读了很多的小说。比如福克纳、陀思妥耶夫斯基、司汤达，后来读了很多美国小说家的作品。

塞利纳？①

对，但他是一个特例，他是一个如此爆燃性（déflagrant）的而又无法模仿的作家，所有想要扎入他的作品中的人都只是在自戕。当我开始学习理论（或者说学习如何分析）的时候，其他的谱系进入了我的思想中——就是那些尼采和荷尔德林的著作——当然想重建这些不同谱系非常困难。到了最近，小说成了我阅读的主要部分：弗拉基米尔·纳博科夫、索尔·贝娄、圭多·切洛内蒂②……这并不是参考某种观念史的阅读方式……我还能怎么说呢？如果要更深入地了解他们，就需要专注于找寻他们各自的踪迹（traces）；但由于我阅读的目的是消除它们的痕迹，所以对我来说重新发掘它们同样非常困难。不管怎么样，这样的阅读并不遵循一条演进（évolutif）的路线，我也不认为这

---

① 路易-费迪南·塞利纳（Louis-Ferdinand Céline，1894—1961）：法国作家。代表作为《长夜行》。——译注
② 圭多·切洛内蒂（Guido Ceronetti，1927—2018）：意大利诗人、哲学家、作家、记者、翻译家和剧作家。——译注

（演进）是文化在总体上的发展方式。每个瞬间都有它不可兼容的独异性……并不存在什么积累，因此也不存在什么真正意义上的进化（évolution）[①]或者总体式的目的论（finalité globale）。正是这种近乎倒错（perversion）的强迫（obsession）使我们忘记、擦去、消除那些在我看来最为私密的（intimes）事物。

让我感觉自己和罗兰·巴特意气相投的是他表达的这样一种意愿：他想要在自己的思想周围环绕一圈所谓"卓绝的保护"（protection extraordinaire）。这样我们就只能通过思考、沉思但绝不是并入（affiliation）的方式来接近它们。正因为我感到与这些作者们是如此亲近，我必须离开一段距离以自我保护。总的来说，有一件事情是确定的，即我们无法把这一系列不同的谱系记录在一段连续的、累积的历史中。

尤其是不能力图在一个连续的和矢量化的观念史中为自己定位，因为这样的历史中有着相互间确定的影响关系、亲缘性（paternités）和毋庸置疑的谱系。

千万不能，我甚至对这种作为所指的思想来源（dérive

[①] Evolution 一词原意是演变、发展、变化，并不具有"进化"中所暗示的目的性。但此处作者的批评针对的正是一种目的论，因此翻译为"进化"和"演进"。——译注

référentielle）有偏见。

*

所有的思想都有赖于其他的思想——除此之外还能怎么样呢？但在您这里，思想的参考系统有着相当独特的运作方式，至少是非学院派的运作方式。只需读您的书就足够了；脚注——它们通常见证了学术书籍严谨性——在您的书中几乎是没有的！

的确注释并没有很多，我决定忽略它们！这给翻译者带来了不少麻烦……但这并不是我在矫揉造作。即使我的某些想法来自比较陌生的语境，也要让它显得好像是我自己发明的一样。

我记得王尔德说过，一个有点文化的人总是无法完美地引述。

我甚至曾给出完全是想象出来的引文。

这很博尔赫斯！

最好笑的是在《拟像与仿真》（*Simulacre et Simulation*）

第一章的题记中，我假装从《传道书》(l'Ecclésiaste) 中引出了："拟像从来不掩盖真理（vérité），它是掩盖了自己并不具有真实性的真实。拟像是真的（vrai）。"① 然而几乎没有人提出那个使人为难的问题（lever le lièvre）！只有有个瑞士读者，她很喜欢这段引用，就到圣经中去找，当然不可能找到了！她还给我写了封措辞绝望的信，想要我去帮帮她！

人们认为圣经是取之不尽的，我们能在其中发现一切！一切，以及一切的反面。

从某种方式上来说，这倒是真的！但在刚刚说的例子中，我提到概念和圣经明明并不相关。我所引用的部分是偏好性的（préférentiel）而不是指涉性的（référentiel）。我拒绝学术研究的剧本；我从没认真地思考过——从根本上来说是相当复杂的——参考引文的地位问题。而其他那些用了引文的人肯定思考过这个问题，其中不乏十分出彩者。比如说雅克·德里达，他肯定对使用参考引文代表着什么，以及对于这样的事实——我们写的书总是关于别的什么书——意味着什么有他自己的想法。虽然这种想法是可能的，但这样看待它和使用它——甚至滥用它——和我格格

---

① 参见 Jean Baudrillard, *Simulacre Simulation*, Paris: Galilée, 1981, p. 9。——译注

不入。

对于德里达来说，他的参考是犹太教和现象学的阐释传统。他坚持认为，书写——包括了语言总体的元-书写（archi-écriture①）——之于言说是第一性的。书写的参考因此是原初性的！

放弃参考毫无疑问是不可能的，但它们应当返回到秘密之中。重要的是我们所做的事情，要点应该从其中得出，这就够了。或许，该重新发明那些简单的、我们本来能够在别处找到的东西。

我想到情境主义者（situationnistes），他们相当具有颠覆性地邀请人们剽窃别人或者被剽窃，拒绝任何形式的占有——哪怕是智力（intellectuelle）上的占有！所有的思想在其被发表的瞬间，就合法地属于实际使用它的人。

在思想的领域中，任何所有权都是无根据的（infondés）。我们甚至可以极端一些，采取一个愤世嫉俗的观点：能够从你们身上偷走的东西，它本身并不真正地属于你们。对

---

① 详见《柏拉图的药》（*La Pharmacie de Platon*），收录于 Jacques Derrida, *La Dissémination*, Paris: Edition du Seuil, 1972。——译注

于每个有着自己的想法的人来说,正是因为这些想法可以被偷走,思想的内容才能传播到任何一个地方!形式则另当别论,拥有一个原创的形式则是个人的事情。

风格,按照吉尔-加斯通·格朗热(Gilles-Gaston Granger)的说法,它不仅仅是表达的方式,更是思想的调性(tonalité de pensée)……或者还会令人想到贡布罗维奇(Gombrowicz)所说的风格,一种由非主题化的简短启示(brèves illuminations non thématisées)构成的精神姿态(posture de l'esprit)。

风格是不可比附和不可模仿的,甚至从某种方式上来说是不可剥夺的(inaliénable)……而其他东西则处在流通之中!我时不时地在这里或那里采用他人的想法,因为这些文字和我所想到的完美契合,而且比我说得更好。就像当我的想法被人挪用之时我没有丝毫的反对一样,只不过关于这一问题的证明是另外的事,我在此不展开。当然,可能确实有欺诈(imposture)的情况,但欺诈这个问题本身也值得我们进一步探讨。如果我们采用基于真理的视角——一种基于真理的话语(discours de vérité)——那么所有假借来的、剽窃来的都是要受到质疑的、受到谴责的,也因此都是欺诈的;但如果我们不在这样的话语中,事情则会不一样。我们对来自他人的材料可能进行一种悖论式的、反讽的运用——比如物质世界的材料（matériel mondain）——而不违反任何主要的原则。我从不刻意在这些情景、事件和文本中做出区别。

但当别人引用我们写过的文字时，我们几乎没法从中认出这是自己的意思！

这才是引用时的欺诈。我注意到批评家们总是选择那些对作者不利的引文，即作者所说过的话语中那些最为庸常的表达，以便回收处理这些话语来符合批评家的利益——这是一种相当不错的记者式的策略（stratégie journalistique）。引用从来不是无辜的，它可以是一种武器。参考文献也是如此，尤其是当它作为引用的时候，因为不存在原初的所指对象（référent originel）。从根本上说，这是个策略问题。我自己更多的时候是位道德家①，也倾向于让事情回归原初的意义（remettre les choses à zéro），并且一切我说要去做的事情，我都会独自去做。也许这样的立场表现了我性格障碍（caractérielle）的一面！那些我能做的事情，我会竭尽所能地做好，但是必须我自己做。也许这仅仅是生发在一个孤独的孩子内心中的幻想（fantasme）

---

① 在法语文学中，道德家（moraliste）指的是偏好以格言的形式来描绘"人、社会与政治活动"的世俗作者。蒙田的《随笔集》开创了这一传统。其文字往往脱离语境，以悖论的陈述达到警世的目的。——译注

或者情结（complexe）……

但无论如何，独自工作（fonctionner）的想法对我来说是一以贯之的。一方面，应当充分明白自己在做什么，而且这也不意味着避世独处；另一方面，又不能任凭自己受到各种潮流的影响，也不应仅仅在当下的生活中随波逐流。是的，我们聆听学术权威的教导，而且听从那些权威性的话语，但并不受到他们直接的影响。这条途径更加神秘，更加难以把握、更加费解，但这正是我所追随的。

然而问题是，这样做会不可避免地产生自我指涉的情结（un complexe auto-référentiel）。在我们写作的同时，必然地会建构起一种自我继承（auto-héritage）、自我作态（auto-gestion）和个人谱系（filière personnelle）。或者我们应该严格地在其字面意思上采取格言的策略。格言所要表明的是分离、孤立、例外，即每一次写作都处在例外之中。

2. 活动家的片段

您看来倾向于做一个相对孤独的人。即便您曾参加过多种思想潮流的运动，也曾亲近过一些团体，但您从来没有加入过其中的任何一个，哪怕是情境主义国际（Internationale situationniste）。

我确实曾谈及那些情境主义者们，但从来不是在我的著作或研究当中，而只是谈起过他们，比如我在巴黎十大的课程。我们怎么可能绕开情境主义呢？况且，我和他们很亲近，虽然我和他们的领导人物并没有直接的交往。我和鲁尔·瓦纳格姆（Raoul Vaneigem）有过一些交集，但是我从没见过居伊·德波（Guy Debord）……

这样的孤立状态给您带来一些来自情境主义者的不友好的评论。在他们期刊里的某一篇充满恶语的文章中，您甚至和亨利·列斐伏尔一道遭受人身攻击。

毫无疑问,您为自己的孤立付出了一些代价。不得不说,情境主义者们指涉他人的方式相当怪异。

攻击的矛头主要指向亨利·列斐伏尔,而他们之间确实有过一些嫌隙。在攻击"父亲"之后,他们挑出了一些"儿子",其中之一就有我①。他们谴责我,仅仅是因为我和菲利克斯·加塔利,还有其他几个人一道,在一家报纸上成立了(我记得是叫作)"法中人民协会"(l'Association populaire franco-chinoise)的组织。

这是在什么时候的事情?

20世纪60年代初,加塔利与一家位于巴黎大清真寺(Mosquée)边上的进步书店关系密切,就是在那个时期我们成了朋友。也正是他提出了成立一个协会的主意。我们曾经出版了一份期刊②(名字我已经忘记了),一共才发行了两三期……我们中还有些人跑到日内瓦去,就是为了见一见人民共和国的某个领导人,然而都没有成功……在园艺家大厅,我们曾经举办过一次盛大的会议,然而最终以

---

① "父亲"指亨利·列斐伏尔,即情境主义者主要攻击的对象。而鲍德里亚自比为假"儿子",就是说情境主义者们将他视作亨利·列斐伏尔一派的人并加以攻击,然而事实上鲍德里亚本人并不认为如此。——译注
② 据考证,此期刊名为《新闻简报》(*Bulletin d'information*),现有一份保存在巴黎十大。——译注

暴力的方式收场——秘密军队组织①的人用武力介入并中断了这场会议。由于既没有意识形态的包袱，也不属于任何政治团体，我确实是主管那样一份期刊的合适人选！我当时的角色更多是作为挡箭牌（paravent）……这样的冒险并没有走得很远，而期刊也不了了之。哪怕这只是一段早夭的经历，我自己也保留下了一些美好的回忆。在那段狂野的岁月中，这也算是一个动人的故事了。

这就是你作为活动家的最后时光了？

活动家，这说得有点过了。我从来不是一位活动家。

您对于亨利·列斐伏尔感兴趣的地方不是他在退出共产党后又加入的经历——这是对过去那些意识形态之争的见证——而更多的是他作为一位日常生活理论家（théoricien de la vie quotidienne）的身份……

我对他感兴趣的地方正是在于他的日常生活批判。然而在其中我从未得到过真正的启发……我发觉他的理论过

---

① 秘密军队组织（Organisation de l'Armée Secrète, O. A. S.）是一个以退伍军人为主体的极右翼组织。他们支持法国在阿尔及利亚的政治和军事存在，力图维系法国对于阿尔及利亚的宗主国地位。20世纪60年代，他们曾在法国和阿尔及利亚各地进行过恐怖活动。——译注

于轻浮、俏皮，虽然其中不乏灵性，但对我来说是属于另一个时代的东西——那个仍然封闭在精神分析和符号学的圈圈中的时代，即便他本人并不希望和那些东西有关——对于他来说，结构主义正是他的头号敌人。相比之下，我所做的事情和他的工作完全不是一回事，但我们两人保持了友谊。1966 到 1977 年间，我在巴黎十大工作时，列斐伏尔刚刚在斯特拉斯堡的那场著名的集会中与情境主义者们决裂……

让我们回忆下当时发生的事情：在 1965 年，德波和列斐伏尔决裂，并批评他过于抽象、过于哲学化，宣称他的作品《公社宣言》（*La Proclamation de la Commune*，1965）是对一本情境主义小册子的剽窃。

我们和那些情境主义者关于一些问题有着意识形态上的分歧。比如说，委员会（Conseils）或者整个"委员会主义"（conseillisme）的那一套对于我们来说显得过于陈腐。另一方面，他们的激进性深深吸引了我，而且所有人都追随着他们激进的主体性理念。最终，这些都只停留在臆想的阶段，只不过是政治想象罢了……不管怎样，好在情景主义最终消亡了，它只能消亡。那些批评情境主义没有取得成功的人显然搞错了对象，因为情境主义本身就不是为了取得成功而创立的！如今，通过对德波的研究，情境主义的幽灵得以重新出现。

情境主义的思想既是创新的、游戏的（ludigue），同时又有着令人难以置信的典雅修辞，以及厚重、严肃的（sérieux papal）理论论证。他们使用的概念工具直接来自最令他们着迷的德国古典哲学……他们还是停留在论文的形式下，而您自己的思维和书写方式则与这一切有着彻底的断裂。

在情境主义者那里，有一种很强的想要说服别人并清楚地表达自己的欲望。这是情境主义作为一种先锋（avant-garde）现象的最后的表现形式——当然，先锋这个词并不完全合适，略显"尖锐"（Pointu）。这是革命理想主义的终结，而之后的立论则都取道新的领域，如日常生活、城市等。受惠于他们，所有被马克思主义称为上层建筑的东西都受到了强烈的震动，哪怕情境主义仍然紧紧依附在过去的思维方式之上。在1970年之后，所有关于欲望和革命以及混合了二者的理论都破碎了。

弗洛伊德-马克思主义（freudo-marxisme）……

有些人在其中看到一种极端的激进性，但这种混合同时敲响了欲望和革命的丧钟。对二者的混合实际上导致了用一者去中和另一者。有不少人一直以来致力于这方面的研究。在关于欲望的问题上，我和让-弗朗索瓦·利奥塔，甚至是和吉尔·德勒兹有着明显的分歧。我非常欣赏他们关于"机器"的概念，但在我看来，这个概念虽然十分令人向往（désirable），却不怎么有操作性（opérante）！整整一代人都投身于这样可怕的含混之中，而他们关注的"概念"从根本上说早已消亡。

是什么导致了欲望和革命无法调和呢？

政治和力比多的（libidinales）诸维度失去了它们的独异性。它们只有处在自身的独异性中才具有力量，将它们混合在一起就是违背了其不可还原的特性。这是对弗洛伊德和马克思的滥用。

这就中和了二者思想中颠覆性的部分……

在当时流行的话语中，人们倾向于将二者互相渗透（effusion），完全丢失了它们各自的强度，只不过是为了迎合当时流行的话语。当然，如果我们以回溯的方式对当时的话语进行贬损也是很愚蠢的事情。在当时，所有的人，甚至其中最优秀的头脑，都陷入了这样的旋涡中。但如果我们退一步看，就应该承认这一切不过是一个陷阱，即便到了今天，这陷阱还都或多或少地存在于各个领域中……正如情境主义者们所带来的反叛潮流一样，这种想法如今依然为那些最庸碌的——就算不是最贫瘠的——思想提供着参考。

我们只要想想那些自称为情境主义的继承者的人，他们是这一遗产真正的剽窃者！

我们别讨论他们。

而可怜的德波很快就会被写进教科书中！一个作者如此容易地被奉为经典不也是件挺可疑的事情吗？

我们可以欣赏德波的语言，但这样做就是把他的作品当做一个美学的对象来看待——这样并不适用。形式总是很重要的，但他的语言本身并不是我们应该欣赏的对象。在人们分析弗洛伊德和马克思的思想时——无论是从意识形态的、情感的、日常生活的（谈论他们的女仆），或者是别的什么我还不清楚的角度——同样的情况也发生着。将马克思与力比多学说混合或者把弗洛伊德和政治挂钩，都是很有问题的做法。可是这样的食盆（bol alimentaire）和杂烩（patchwork）却成了如今的潮流（vulgate）。在对德波有见识的批评中，最中肯的来自雷吉斯·德布雷

2. 活动家的片段

（Régis Debray）。在一篇发表于《论辩》（*Le Débat*）上的文章中，他对于异化、人与自身的分离等问题做出了非常公正的评价——当然也顺带对一些个人恩怨做了清算。他认为，我们如今已经不再处于当时的问题域中；相反，威胁我们的是完全式的沉浸（immersion totale）而非异化或分离。

情境主义者们的语言带有德国观念论的痕迹：比如异化、对象化、物化（réification）等概念……

我将情境主义视作非常值得敬仰的回忆，但它是已黯淡的星体、死去的太阳。但尼采，还有其他一些人则不是这样。情境主义就像划过天际的流星一般，但我并不愿意公开地宣称脱离他们的理论——从事件的角度上来说，他们代表的是一个重要时刻，正是在这个时刻中，事物显现自身，向我们揭示其根本（essentiel）。

我们应该在思想的诞生状态中尝试去把握它们。当思想成熟的同时，它也不再肥沃。它会僵死在自身迸发出的终极教条中，直到不可避免地走向衰颓……

在1966到1967年间，我们通过自己创办的期刊《乌托邦》（*Utopie*）划出了自己的领地（fief）。我们针对情境主义构想了几条主要的反驳：我们比他们更早超越了政治和意识形态的囹圄，跳出异化之外。

《乌托邦》同情境主义者们在其他诸多方面决裂：他们"开除教籍"的诅咒（anathème）、他们即兴搞出的法庭以及其他五花八门的要求……而这些最后占据了他们过多的精力和战斗力——我们能很明显地看出，他们学生气地热衷于编造双关语……

您说得对，他们的叛逆中确实有些青春期少年的感觉……对我来说，《乌托邦》就是我关于物、消费社会和政治经济学理论的准备阶段。《生产之镜》（*Le Miroir de la Production*）就是在象征交换（échange symbolique）的出现这一角度上与马克思主义发生了断裂……正是这个想法被我写进了《乌托邦》中。我们当时就已经处在超政治（transpolitique）中了。

3. 格言的片段

> 片段有其理想：并非思想，并非智慧，并非真理（例如在箴言中）的高度浓缩，而是音乐的凝结："音调"与"展开"相对立，它关于发音（articulé）与歌唱，是朗诵（diction）：在其中，音色为主。①
>
> ——罗兰·巴特

您的写作向着格言的形式不断演变。情境主义者们从未停止使用俏皮话（bon mot），但您的格言与他们有着根本的不同：情境主义的格言成了团体的口号，而您的格言则激发思想……

情境主义者们热衷于（friands）术语的辩证反转。无论是德波的《景观社会》（*La Société du spectacle*）还是鲁

---

① 中译引自罗兰·巴特：《罗兰·巴特自述》，怀宇译，百花文艺出版社，2006年版，第65页。——译注

尔·瓦纳格姆的《日常生活革命》(*Traité de savoir-vivre à l'usage des jeunes générations*)都有着作为一个整体而不可改变的逻辑。情景主义者们并不在智力上让思想漂移(dérive),而是擅长让城市景观(urbaine)漂移和创造情景——但这些都不是通过智力活动来实现的,而是通过预先将自己树立为不可撼动的权威(juridiction imprenable)。但这也是我们喜爱情境主义的地方,如今我们并不会因此而责备他们。他们的想法是——虽然这样的想法以一种傲慢而排外的方式展现出来——从最简单的事物、最基本的情景和最平常的成见中找到其爆发性的力量,并运用这样的力量重新达到顶峰。事实上,正是在事物中发掘出的琐碎细节,为我们提供一种击碎整体性(ensemble)的力量,终结一切整体的力量……由此,世界重新展现为片段的形式。他们这样做了,但在其写作中并没有做到这一点——他们的理论反而是片段的对立面。

> 他们沉浸在德国式的论文写作中,关于一门"科学"(Wissenschaft)的写作,作为一种聚集的和系统的思想……

这正是我一直以来对于德国式的庞大哲学体系有所疏远的原因,但情境主义者们在某些方面仍是其拥趸。我们无法以一种连续的、建设性的方式阅读尼采、荷尔德林和萨德的著作，因为他们的思想会相互摧毁（démolit）！解构的工作已经完成了，而你的阅读需要对这些做出让步。在我看来，人们似乎总还是或多或少地忠于（allégeance）整体性的哲学体系，而海德格尔则是统领着（règne）哲学的最后一个系统性整体（ensemble systématique）。

在其中，你可以看得出差别。比如，对比《象征交换与死亡》（L'Échange symbolique et la mort）和《冷记忆》（Cool Memories），前者仍然拘泥于一种理论化的方式，而后者则已经采用了格言的写作方式。格言和片段意欲最大限度地精简语词，在这样的格言中，事物不再是我们所知的样子——当我们通过细节来观察它们时，事物转变成了某种省略的空无（vide elliptique）。这正是利希滕贝格在他的一段格言中所说的。有人说他的体重涨了不少，他回应道："肥膘不是灵魂，也不是身体，既不是肉身也不是精神，它是由疲惫的身体产生的！"我们对思想也可以这么说：臃肿的思想是疲惫的精神所产生的。正如一个疲惫的身体那样，精神不会停下，它只会不断地生产着自身的重负。

一种新形式的懒惰（acédie①）……我记得达·芬奇似乎很喜欢区分关于绘画和雕塑这两种不同技艺的

---

① 来自希腊语 akēdia，意为"不关心，不关注"，但也有"麻木"和"疲倦"的意思。后经拉丁文引入法语，这个词引申为"精神上的懒惰"。——译注

特征：前者是在不断地往作品中添加东西，而后者则是在创作中不断减少东西；前者是通过堆积而后者是借助提炼和削减。我们也可以把这样的区分用在不同的写作方式上：有些人通过连续不断地添加来构建体系，而有些人则是不断地提炼文字直到成为片段。

这个说法挺好。事实上，确实有两种不同的写作形式。其中一种是聚集、搭建起一个个整体；相反，另一种则是分散，关注的是一个个细节。这种对于细节和片段的专注与写作格言或者拍摄照片是相同的。

格言式的写作并没有真正的合法性。在法国，它之所以得到承认是因为我们有关于格言的文学传统，但美国并没有。美国人读了《美国》之后反响很差。对他们来说，那种写作就像是出自魔鬼的手笔，是对经典的论文形式的亵渎。其实他们说得对，并且这正是这本书的关键。格言从整体上来说并没有得到广泛的认可：它确实有其邪恶的一面，并且对于话语（discours）来说，格言就是一种暴力，然而对于语言来说并不是。

当代美国文学的一个显著特征就是其冗长的内容——现在发展到至少写一千页！这种字数的过度膨胀也出现在各类理论的生产中。在法国也同样如此，哪怕是无关紧要的论文也要写得很长。一个越是没有创见的时代，其表达形式越是臃肿。这种补偿方式真是奇怪！

这就跟我们的器官通过增加脂肪来保护自己的道理一样。如今涌现出了许多过于庞大的论文和学术写作，就好像是在为了填补虚无（vide）而做出绝望的努力，然而真正应该做的是在虚无中找到缝隙。虚无就是虚无，我们所做的应该是通过近乎戏剧创作的方式将它转化为一种隐没（disparition）的形式——而这同样可以被称为一种思想的形式，而且也并不需要攀附于（s'accrocher）某种我也不知道具体是什么的异国美学！有时候人们会说，我的一些观点和东方思想有可类比的地方，比如他们提到庄子……

（提到庄子）我们想到那个在空隙中游刃有余的庖丁，在柏拉图的《斐多篇》中我们也能找到类似的寓言，记述了一位优秀的辩证法家是如何避免"将肉切碎"的做法。

但是，我们当然也不应该在某种东方学的语境下把庄子作为参照的对象。对待"禅"（zen）也一样，我们应该避免对思想的照搬（transposition），避免将它们做成某种学术进出口（import-export）。人们能够在其中找到启发，找到类似的话语或者悖论。但当一种思想成为主导的象征形式之后，即使它来自东方，我们也不能相信它。没有哪种思想是普世的（universelle），有的只是例外。

当您在谈论禅的时候，也许隐秘地表达了您同样希望自己能够沉默，因为禅宗哲人拒斥所有的话语！

最近，在我讨论摄影及其沉默以及艺术的无用性等问题的时候，有人惊异于我竟然还能谈论沉默，在他们看来好像谈论沉默就意味着必须不说话一样……对那样的评论我无话可说！回到东方思想的话题上来——无论我们认为其中包括哪些东西——它已经成了一个庞大的集合，并且就像其他各种事物的集合一样令人觉得可疑。我对日本略微有些了解，对中国则一无所知。日语中有很多东西令人受教：比如它没有意为"交流"（communication）的词，没有词表达"普遍性"（universel），也没有词来表达"主体"（sujet）——这种现象十分引人注目！但在美国，我发觉这种类似的现象也存在，只不过完全不是以禅的形式！甚至可以说是完全相反的。正是这样的美国令我感兴趣，而非在客观存在的美国。如果我们在地地考察这一不同的世界——虽然说在我们和美国之间有着一部分共同的历史并分享着一些相似的文化——也就是处在天然状态（état brut）中的美国，那它就会呈现为一个独特的、与我们有着不同根源的文化。然而，我们不能一直重复这种新鲜感。

这种修订（reprise）的方法在出版业中十分流行：当书籍再版的时候，加上一段前言（或者有时候还会换个标题），在其中为自己辩护，说一些"我当时的观点就是对的"，或者"我当时说错了的地方也是有原因的"之类的话，反正不管怎么样都是会强调"我所写的都是真的"。

做了的事情就是做了。如果说在其中有某种真理性的话，它只存在于某一特定时刻中：没有第二次机会，也没有办法对发生了的事情进行回收。如果已经错失了的话，那就只能如此。如果你有半点自尊心的话，就不应该追随自己的影子。

这就像是把纸条塞进瓶子里投入大海，任其漂流到不可预知的远方……

也许某一天它也能有幸"出名十五分钟"，就像安迪·沃霍尔说的。格言将思想四处撒播，每一位读者都能从中获得不同的东西。比如《冷记忆》，我很欣慰地得知每位读者从中得到的启发都不一样。你会对自己说，在世界上任何一个细微之处，只要能找到它的回声，就足够完美了。我们必须接受的事实是，名声的潜力是有限的，而能够让人出名的事物也非无穷无尽。因此，每个人能够"出名十五分钟"就已经很不错了！如果我有幸能"出名一个钟头"，那么实际上我是从其他没有这么幸运的人那里窃得了三刻钟。这有点像一些原始文明所信奉的灵魂学说：灵魂的数量从一开始就是一个有限的、偶然的数目，并且不会再产生新的灵魂。当然，灵魂会不断在不同的身体间转移，但总有些在等待着灵魂的身体永远不能真正拥有一个灵魂，因为其数目是有限的。这理论听上去一点也不民主，但对我来说，它似乎更加精确、更加严谨、更加清晰：它意味着对命运的共享。

*

运用一种简短的形式可以说是帕斯卡尔的《思想录》（*Pensées*）中独特的修辞方法；因为在他看来，这样的形式符合人作为被造物转瞬即逝的生命本质——它从本性上不能真正地持存（réelle durée），因此不能保持足够长时间的注意力来看完一篇系统的论文。对您来说，是不是也这样呢？您采用简短的形式来写作，是否也是对当下片段式的、即时性的、飞速运动的时间形式——它以短片（clip）、电视广告为主导——提出的一种回应呢？格言是否也是以悖论的方式在反抗这种瞬时性（l'instant）的独裁呢？

格言、短片、电视广告看上去都有着瞬时、快速、短暂的特征,但事实上格言不仅仅如此。从词源学上说,*aphorizein* 有着分离、孤立的意思。格言是片段式的,但它在自身周围营造出了一个象征的空间,这个空间属于虚无和空白(blanc)。虽然我们的科学和技术创造出了即时性,但它从根本上以连续的方式依托于网络之整体。我可以说这些都是处在网络中的片段(fragments en réseau)。如今,我们不再能随意创造一种关于连续性的、集合性的或总体性(totalisation)的形式,因为其一经创造就将蒸发(volatilisée)在自己的系统中。当我们要反对系统时,就应该设立某种看起来和它遵守同样的规则,但在形式上反对它的东西。因此,只有形式能够以非常现实而绝不抽象的方式,用系统自己的逻辑来攻击系统本身。我们的想象是演进式的、目的论式的,所有的一切都可以被视作进程中的某一阶段(phase)或时刻(moment)。如果我们将每一个阶段和时刻看成接续的(successif)、联系的(lié)、持续的(continu),总是向着一个理想的目的延伸,那么所有的阶段都为终极阶段所奴役(asservies)。

一种目的论式的进程⋯⋯

毋宁说是一种导向性的、被编程的演化论!我们必须打破这一切。应该强调,每一个时刻、每一个阶段在它自身无可比拟的独异性中就是完美的。果实是完美的，但并不比花朵更完美……

您刚才说的是黑格尔式的辩证法：花朵在果实中完成和实现自我，而这才是花朵的真理。您彻底拒绝了否定的作用……

花朵本身就是完美的，并不需要将它置身于某种关于自然的辩证法中！对于其他东西来说也是如此。在每一个细节中，世界就是完美的。这正是我谈论摄影时所说过的：从理性的角度和整体的视野来看，世界是令人失望的；然而在其独异瞬间捕捉到的细节则是完美的——它们并不处在寻找其自身完美形式的过程中，因为它们已经是完美的了。并且，这种完美性并不需要它们陷入纯粹的沉思。如果要反对整体性、反对宗教激进组织的想象，我们应该采用的策略是进入片段中，借此赋予它独异性。这是我们能够使自我运动的唯一空间，因为如果某种独异性本身就是完美的，那么我们就可能通过它进入另一种独异性之中，或者利用某种独异性对抗另一种独异性——这里面有一整套的游戏规则。各个领域都能反映这一点：在对事物的领会中，在理念中，甚至在语言本身之中——也许语言正是它最重要的平台。对于这种目的论式的聚合体来说，语言是最具有抵抗性的事物之一。我们应该回到对语言易位构词①（anagrammatique）式的使用中。如果存在一个理念，那么它就必须在语言中被再建构，与此同时它作为一个理念也就不复存在了。在这里，失真变形（anamorphose）、易位构词和格言形成了某种共谋。

我们似乎在逐渐接近某种属于分形或分形化（fratalisation）的东西……

对于分形和片段应该做出区分。分形预设了一个可能不存在的整体，并分解（décomposition）、粉碎（pulvérisation）这个整体……

整体的复制品存在于每一个分形中……

这样说来，分形似乎更接近于全息照相（hologramme）式的复制而非对整体的失真变形或者易位构词。整体在一个个细节中被重新构建。这是一个有创见的观点，但跟我的看法稍微有些不同。如今，一切事物都在以这样的方式发展：DNA，存在于每一个细胞中的遗传因子，它就是复制……

---

① "易位构词"是一种字谜游戏，即先给出一个词，随后将这个词中的字母顺序进行重新组合来得到一个新词。这也呼应了作者前文提到的关于游戏的问题。——译注

我记得您在《乌托邦》(1971年10月刊) 第四期上发表的一篇文章叫作《DNA 或编码的形而上学》①，讨论了雅克·莫诺 (Jacques Monod) 和他的书《偶然性与必然性》(Le Hasard et la nécessité)。文章开篇写了这样一句话："莫诺方程将来自上帝和主体的同一性形而上学原则转移到了编码和基因工程之中。"

我记得这篇文章。事实上，我当时从加州的索尔克研究所②（Salk Institute）回来，那里是遗传学研究的中心。DNA 学说中对事物的阐释方法其实遵循了一种模式：潜能 (virtualité) 的模式。凭借一个细胞、一段编码你就能创造出所有的可能性和潜力，从中得到的就是一个克隆的世界！在这个意义上，即便从形式上看二者有诸多相似之处，基因工程仍是片段的对立面。

已经散失的作品在片段中遗留下了它们的碎片：比如赫拉克利特的残篇，在其中留存的只是部分的记忆，因为其完整的作品已经无处可寻。但您做的就是另外一

---

① 重新编辑出版在《游戏与警察》(Le ludique et le policier)，其余文章见《乌托邦》(1967/1968)，巴黎：Sens et Tonka 出版社，2001 年。（中译本参见《游戏与警察》，张新木、孟婕译，南京大学出版社 2013 年版，第 94 页。——译注)

② 索尔克生物研究所是坐落在加州南部拉霍亚的一个独立非营利科学研究机构。它于 1960 年由乔纳斯·索尔克创立，创始者中有雅各布·布罗诺斯基和弗朗西斯·克里克。这所研究所是美国生命科学领域成果最多、质量最高的研究机构之一。——译注

回事了：您的片段是有意为之，作为对整体性的拒绝。

我自己曾经也处在整体性话语中，而片段使得我能够穿越整体性的叠嶂。因此它并不是一种形式上或者美学上的偏好。片段体现了摧毁整体性的意志，让我们直面虚无和消失。

对于格言来说，它一直存在着变成警句（sentence）的风险：警句采用命令的形式，制定行为的规范（gnomique）。警句式的思维同样可以是十分有趣的，比如古希腊人或者那些沙漠教父（Père du désert）的箴言。

确实。这是一种指示性（directive）的思想——即便我们不能称之为说教（moralisante）的话——以意义为其目的。要对箴言（maxime）、警句和格言（aphorisme）做出区分其实并不容易。我们在摄影中也能找到类似的对比：图像是片段的典范场域，是一个去-目的性（dé-finalisé）的世界。图像（image）可能会重新成为道德、意识形态的发生场地，但照片（photo）——与电影中运动的影像不同——在我看来与片段有着同等的优势：不仅是因为它本身就是一种切断了连续性的剪辑（découpage），也是因为它的沉默、固定，更是因为它和片段一样，与悬搁（suspens）紧密相连——无法澄清，而且并不存在于某处等待被澄清。

赫拉克利特的残篇中充满了谜团，也因此给赫拉克利特带来了"晦涩哲人"（Obscur）的称号……

对于片段来说，谜团与简洁的形式一样，都是必不可少的。它必须保持悬搁的状态，这样就不会被任何具体的意义所夺取……我们当然可以想象、思考和阐释片段，但从原则上说，片段挑战着阐释，因而阐释总是层出不穷，不可尽数。

但片段毕竟不是经文（verset）！

你说的是那些有赖于没完没了的重复才获得价值的东西？片段完全不是这样……拿利希滕贝格做例子，我们读他写的片段并不是为了进行哲学或道德思辨，或者因为他能激发我们的想象——完全不是这样！片段被写出来，就是为了在它的字面意义（littéralité）上被破译。它在那里，这就是全部；就像一个物，但也不是在主观性建构的意义上说它是个物：它就像所有的物一样，不可破译，且不可为思想所穷尽……

正如安格鲁斯·西利西乌斯（Angelus Silesius）

著名的诗句所言:"玫瑰不知其然,它开花,就因为它开花,它不注重自身,也不问别人是否睹其芳颜。"①

应当如此。在利希滕贝格的作品中,很显著的一个特点就是其语言的晦涩(dense)。当我们能恰当地理解时,阅读就终结了——阅读穷尽于作品的字面意思中。在某种意义上,也契合了罗兰·巴特的主张。它与"预备的阅读"(la lecture préalable)非常不同;对于后者来说,真正的文本在阅读之后才出现,而当前的文本不过是托词(prétexte)。我们应该进入文本本身,进入语言非想象的事实性(factualité)。字面意思这个概念在我看来十分重要,而且不仅仅对片段而言是如此:正如卡内蒂②所指出的,梦并不是为了被解释而创造的,而是也应该在其字面意思上来理解。莱奥帕尔迪③曾说:在我们讲述神话时,我们应该保留神话最初被言说时的形式,应该使用它产生,并在语言的流传中不断变形后的样态,而非在无休止的阐释中耗尽神话本身的力量——在其形式中所体现出的力量远远大于在解密后的意义中所包含的。字面意思代表着一首诗的秘密,但它同样关乎于一切形式和一切现象

---

① *Le Pèlerin Chérubinique*,Ⅰ,289.
② 埃利亚斯·卡内蒂(Elias Canetti, 1905—1994),是出生于保加利亚的塞法迪犹太人小说家、评论家、社会学家和剧作家,获1981年诺贝尔文学奖。代表作为《群众与权利》。——译注
③ 贾科莫·莱奥帕尔迪(Giacomo Leopardi, 1798—1837),意大利诗人、散文家、哲学家、语言学家,意大利浪漫主义文学代表。——译注

（phénomène）——后者以事件作为其开端——即便重新回归它的字面意思总是困难重重。

所以字面意思恰恰展现了对所有历史哲学的驳斥，而历史哲学总是或多或少地受到目的论的驯化……

我们应该在把握事物独异性的同时把握它们的字面意思。我关于莫诺思想中编码的形而上学所写的文章，同样可以写成关于弗朗索瓦·傅勒①和他所谓的"法国大革命的形而上学"的文章：他将法国大革命分为好的一部分和坏的一部分，并且在这个基础上探寻哪里出现了偏差（dérapage）。这样的方式并没有做到在字面意思上理解事件：事件自身的谵妄（délire）和漂移总是处在一个指数式的维度（dimension exponentielle）中。在其中，事件以某种方式超越自身。如果我们只想保留其中好的部分，其结果就是带来那些令人嫌恶的阐释。如果我们不懂得在其独异性和字面意义上理解事件，那终将会把我们导向一种对历史的道德式写作。

尤其是当事件中充斥着象征时……

---

① 弗朗索瓦·傅勒（François Furet，1927—1997），法国历史学家，法兰西学术院院士。代表作为《思考法国大革命》。——译注

那将是一个严重的错误。这种历史的写作当然是最简单、最容易为每个人接受的解决方式。傅勒就是如此，他所呈现的是一种循环论的历史，而且他对历史的评论在很大程度上受到了当时的意识形态的启发。

在情境主义的语境中，情境这个词暗藏着对于情境的拒斥。由是引发了无穷尽的争论和反驳，之后又有对反驳的反驳……不是为了拯救事件本身——没有人对事件本身感兴趣——而是为事件的阐释……

我们其实可以对傅勒的阐释进行一次阐释性的还原，但这也发生在我们现在被给予的历史境况中。我们总是囿于某些要素中，永远无法脱出。如今，我们看到的历史蒙上了霸权的（hégémonique）视角；因此无论是以概念的方式还是以历史的方式，想要超越这样的困境都绝非易事。对于物种（espèce）的独异性来说，类似的情况也存在着。每一个物种自身都是完美的；人类这个物种是完美的，没有什么能够使得它变得更完美。它糟糕（mauvaise），但是完美；在它的独异性中，物种是无可比拟的。一个显然的问题是：在肯定每一个物种的完美性之时，我们可能陷入创造论（créationnisme）中！创造论认为，世间的一切都是蒙上帝的恩典才存在，是不可改变的。强调独异性和完美性所带来的危险在于，我们可能回到神话的视角中；但关于历史和精神的演化论也同样十分危险……

总而言之,每一个细节、每一个片段、每一个物种都应该被赋予其独异的调性,而不是作为某种目的论的阶段!

4. 片段与分形

> 我们之所以能如此轻易地接受真实及其自明性，仅仅是因为我们预感到真实并不存在。
>
> ——豪尔赫·路易斯·博尔赫斯

我们时代的一个特点是，它没有直面恶（le mal）的能力。您曾说："我们不再懂得如何谈论恶。"

人们总是将恶与不幸（malheur）相混淆！将恶还原为不幸的做法与人们将善（le bien）还原为幸福（bonheur）的做法如出一辙。关于幸福的意识形态本身恰恰是最令人不幸的东西！

在您看来，我们如今对这个问题的讨论从根本上似乎就落入了一个陷阱。

如果从理性的角度考量，有些分析仍然是正确的。但问题是，如今我们如果要接受某种事物，就必须将其置于批判的形式之下！我们赞同（avalise）的一切都必须是在批判的语境下！这就是如今占主导地位的思想。在这一点上德波说的有道理：他称这种批判为总体批判（critique intégrée）和总体颠覆（subversion intégrée），它们总是以螺旋的形式作用着。我们必须打破在善与恶之间牢固的壁垒，打破这种"辩证法式"的总体性。我们必须将激进性还给恶。

一种非本体论的激进！恶是否只是善的缺乏（privation du bien，«Privatio boni»）？恶是否是极端或者纯粹的？恶是否时而自在（en soi）时而自为（pour soi），时而关于道德时而关于形而上学——种种在哲学和理论上长久以来的争论并非您真正的兴趣所在。您关心的是如何构想一种恶的片段式的激进（radicalité fragmentaire du mal）。

的确。说到底，恶并不能与善相对，因为二者之间是不对称的（asymétriques）。在某种意义上，相对于作为善的整体而言，片段就是恶。这就关涉到著名的"恶的透明性"（transparence），或者更确切地说，"恶的透露"（transparition）。在我们所有关于善和幸福的技术背后，其动因都是恶！所以到最后，我们的策略实际上都是关于恶来自恶，即对恶的补完，或者可以说是顺势疗法（homéopathique）。

那么格言或者片段就是一种"批判"的形式，但这个批判是在希波克拉底的意义上，正是"危机"（crise）使我们得以做出诊断。它是片段中某种断裂的"复制品"（réplique），反之亦然。

片段和断裂之间确实有着密不可分的关系。某些事情恰恰发生在事物的缺口和裂缝中，也就是事物的显现（apparition）中……

现象（phénomène）本意是 φαινόμενον（来自 phainestai，意为"去显现"，其词源是 Φόως，即"光"），也就是说，一种显现……

正是如此。就是在某个事物显现（se fait jour）的时候你才能真正有一个关于它的现象。

人们只能接受现象或者记录下现象，于是就有了格言。

直面这样显现，我们不再能拉开一段供我们下判断的距离。因为这样的显现在我看来，就是一种生成和变形（métamorphose）。在很短的一段时间里，你生成那个东西、那个对象或者那个时刻；随后，存在的维度再次嵌入（réinstalle）其中——或我们可以称之为连续性的维度——非连续（discontinuité）和变形正是发生在这短暂的期间。我们应该参照这样的形式构想一种游戏规则，它使游戏真正地成为可能，使事物生成——生成与改变（changement）不同，它伴随着自我身份的丧失。

这同样也是起源的丧失……

丧失的不仅是起源，同时也是终结（fin）……直到我们无法称之为整体的那个时刻到来，因为它保持了片段的形式。

这和尼采的"永恒回归"（éternel retour）似乎有些类似……

我想到的正是这个。在两个事物联结之时，只有通过生成的形式才使得永恒回归得以可能。那么这是同一事物的永恒回归吗？我们可以进一步回答，变形的循环是形式的永恒回归，而不是同一性的重复。我们并不是要像尼采可能企图的那样，为这思想赋予科学的合法性。在连续性的领域中，事物不断改变，它们有着自身

4. 片段与分形

的历史,但它们并不会变形,它们也没有任何回归的机会,因为其总是面向着某种无限而前进。然而在我看来,形式在数量上却是有限的。在我们生活的世界中,不存在不受限制的潜能——无论是在形式中还是在能量中都不存在。我们生活在一个有限的世界中,语言是有限的素材库(corpus)。即便有些人声称,原子的循环会使某个过去的场景再现,但这实际上已然是一个太过概率论的立场。我们应该更极端点:当人处在一个有限的世界中时,存在一种对形式的分配,它迫使不同的形式之间相互呼应,进而构建起某种回响,这种有选择的亲缘性再生产出某种类似于"命运之环"(cycle fatal)的东西,即一种连贯性(enchaînement)——因此,从生命的起始到终结,人们总是发觉自己处在雷同的境况中。这就是尼采所说的性格(caractère),这也同样是命运的特点(profil)。

也就是尼采曾说过的气质(idiosyncrasie)……

这就是命运。从分形(fractal)到命运(fatal),一个文字游戏。

就像出名和灵魂的数量[1]一样,它们都是有限的……这是一种关于有限性的全新视角!

---

[1] 参见本书第三章相关段落。——译注

这样做的目的就是终结作为生产的世界，而其特点就是呈指数增长，不断增生，并且不能被任何力量所限制。终结极端的现象是为了恢复一个有限的命运……

也就是将形式的有限性和无节制、无限增殖的生产对立起来……我们当然也会想到海德格尔所说的"座架"（Gestell），即以技术人员的方式、借助科学技术的手段对自然进行检查（arraisonnement）和要求（réquisition）。

生产就是信息。你必须破坏其无限制的连续性才能恢复连贯的形式。掌管这一切的价值系统也只有通过传播（contamination）我们这个时代中关于解放的全部意识形态才能达到无限。解放从本质上来说就是如此。必须解放一切的信条恰恰是连贯性的对立面。形式的束缚（enchaînent）和连贯（s'enchaînent）只能发生在一个有限的世界中。

于是就有了个新的口号："从解放中解放！"（*libérons-nous de la libération*！）

这是个很大的主题。从本质上说，解放是行善的过程（processus en acte du bien）。如果除了幸福和善以外不存在其他的假设，那么我们就应该解放一切（甚至是欲望！）。

将一切置于此种解放的进程之下就是让一切脱离其束缚，向着自身的"去规定性"（dérégulation）展开。这并不是意味着要给它赋予一个道德的目的，或者重新发现某种尺度（mesure），而是为了找到游戏规则。游戏是受限制的，即一个被规则所定义的有限的世界，在它之外，无物因循其规则；在它之内，一切皆服从其尺度。游戏的独异空间内只存在着它本身的规则；它不关心其他的法（loi）。

您现在说的正是《论诱惑》（*De la séduction*）中的主题："然而与法相对立的绝不是法的缺席，而是规则（Règle）。"法是可以僭越的，而规则不行！"规则没有方向（sens），不导向任何地方。"您曾经说，当我们在游戏外（hors-jeu）时，我们不参与游戏；而当我们在法外（hors-la-loi）时，我们仍然是处在法之下，因为法是没有外部的（extériorité），而游戏则有着外部性。游戏因此是对抗法的策略，"选择游戏能使人从法中挣脱"，正如您所言。

对法的批判本身还是屈从于法的。批判的存在是为了匡正法，但游戏规则是无法被纠正的。如下的观点可能会让我们被指责为迂腐（archaïsme）和仪式主义（ritualisme）：我们需要做的是回归礼仪（protocoles）和形式。一种形式就是一种游戏规则，无论这种规则是关于挑战抑或是诱惑。

游戏的规则完完全全是不道德的（immoral），而且不迎合任何关于道德或社会的法。

所以相比于不道德，至少我们可以更多地谈论非道德（amoral）。因为我们很清楚的是，道德可以很轻易地与不道德和解……对于合法性（légalité）与非法性（illégalité）来说同样如此！

在某些方面，我们能更多地谈论非道德。无论是处在何种维度上，非道德和恶相关：恶来自别处，恶作为具有自主性的力自为地存在，作为独异的力而存在。这二者都可以在法律、历史等官方话语的通途边为自己开辟一条小径。通途与小径所代表的是完全不同的两个世界！值得庆幸的是，随着时间的推移，非道德和恶的道路互相渗透。就像陨石，独异性显现自身的同时也制造了一场爆炸：我们称之为命运。对于这种袭扰心灵的不明飞行物（ovnis mentaux）来说，其存在方式确实十分脆弱。但它们确实存在！在善之世界的地表之下，处处是巡行着的恶。在交换中——确切说是已经被一般化为某种价值的交换——相应来说，处处通行着的则是"无"（rien），是"无"的交换。"无"有着它自身的持存；或者说，它让我们——不仅仅在隐喻的意义上——想起了反物质（anti-matière），一种暗物质（masse obscure），无法探测。恶的演进却并不显现为如此：我们几乎不能让它敞开自身，对于恶的思考事实上有着顽固的不可能性，而我们甚至无法言说恶或者想象其死亡……但这种不可能性不断地传输到恶的诸种透明形式中。说到底，善只能作为恶的透明性的场所才能得以存在。

　　善与恶之间理想化的对立曾经作为一个十分重要的道德理念长期主导着我们思维的模式。如今，这已经演变为幸福（不再是善）和不幸（同样不再是恶）的意识形态，二者从根本上来说是完美的共谋！不幸正是借助如下方式进行意识形态的还原：作为形式（forme）的恶以意识形态的方式被还原为程式化（formule）的不幸……这是最简单的解决方式。有点像利希滕贝格关于自由所作的评论："自由的面前有着无限美好的未来，因为这是最简单的解决方式！"很显然的是，人并不自由，但思考这种不自由却是另一回事，很少有人真的敢于这么做，因为自由的理念是如此简单、如此易于接受……对于其他的价值来说也是如此。而恶是如此诡异（énigmatique）、难以对付：我们不知道它是否具有起源，它既不能被表现，也不能被证明；而不幸则很清晰，我们可以为它划出界线。我们对于恶能说的实在是少之又少，因为它是对我们这个时代的挑战——对于主导着我们这个时代的悲惨气质（phatos misérabliliste）的挑战。

＊

当我们讨论到关于"无"的交换时,当然会想到乔治·巴塔耶的一些著名的思想,比如"被诅咒的部分"(part maudite)、"浪费"(prodigalité)、"耗费"(dépense somptuaire):这向我们揭示了,一个活生生的机体所接收的能量超过了他基本的需求。人们在奢侈品、爱情或者战争中所耗费的正是这种过度(excès)。经典政治经济学的人类学基础被他以这样的方式超越了。

既然讲到巴塔耶所说的"被诅咒的部分",我们当然就应该把它和莫斯[①]提出的"夸富宴"(potlatch)放在一起考虑。但关于"无"的构想,则是取自阿根廷作家马塞多尼奥·费尔南德兹[②]。虽然已经有两部作品被翻译过来了,但他在法国并不是很出名。他曾写过一本很出色的书,讨论了"无"的延续性。

在其中也透露着巴塔耶的影响?

[①] 马塞尔·莫斯(Marcel Mauss,1872—1950),人类学和社会学家。其主要研究领域为世界各文化中关于魔术、牺牲和礼物交换的现象。代表作为《礼物》(*Essai Sur le don*)。——译注

[②] 马·费(Macedonio Fernandez,1874—1952),阿根廷作家、哲学家,被博尔赫斯等一众阿根廷先锋作家视为导师。——译注

完全不是这样。其中体现得更多的是博尔赫斯的模式，他也是博尔赫斯的朋友。在他看来，存在着一种缺席，这种缺席作为真正的能量之源，使得其他全部的事物运行了起来。他是位杰出的形而上学家，即便其作品的魅力不及博尔赫斯（或者至少在语言上不如他），但其中繁复的形而上学漂移使他比博尔赫斯更接近一位真正的荒诞玄学家（pataphysicien）。

乔治·巴塔耶的《被诅咒的部分》（*La part maudite*）也像是一颗令人好奇的陨星，一本片段式的书……

在莫斯那里，这些同样都存在，只是他依然还是用着人类学的模式。出于这个原因，我们可能会把他的作品仅仅放在人类学的领域内来考察，但他把人类学研究概括出模型的方法则是非常出众的。在我刚刚开始授课的时候，我教授的书大概有三四本：巴塔耶的《被诅咒的部分》、莫斯的《礼物》、阿尔托的《残酷戏剧》（*Le Théâtre de la cruauté*）和皮埃尔·克洛索夫斯基的《活生生的货币》（*La monnaie vivante*）。虽然《被诅咒的部分》是我较晚才看的书，但确实给我带来了很大的震动。

您对于"受诅咒的部分"这个概念的用法有些与众不同，但绝对不是功能主义的用法。比如《恶的透明性》(*La Transparence du Mal*),对您来说它正是关于恶和对恶的偏离(excentricité)之问题的起源……

巴塔耶所构想的"受诅咒的部分"过于美好,所以我敢说这不可能是真实的!在一篇讨论普遍经济(économie générale)的文章中,我列了份提纲评论这种耗费——奢侈的、非生产性的、无等价物(sans contrepartie)的耗费。巴塔耶的想法在我看来还是过于自然主义了。比如他把太阳看作无尽的能量之源……但事实上事情当然不是如此!太阳之所以放射光芒是因为在象征的层面上我们为它供给(alimente)了诸多献祭,因此并不存在无等价物的耗费。在这一点上,莫斯更加激进,他所说的东西也更加确切。而巴塔耶的想法则显得比较感性和浪漫。

也许巴塔耶的宗教意味比起莫斯更加浓厚一些,尽管他本可能……

在我看来,巴塔耶最有意思的概念是过度(excès)。正是在过度中,存在着我们之前所说的变形的秘密,即事物永恒不断地生成之可能性。也正是借由过度,事物的细小边缘得以从中通过——这就是我们可以称之为"受诅咒的"部分。可是这个术语仍然相当含混:如果它所指的是"恶",那么一切都能说得通;但如果它把我们领向的是

"诅咒"（malédiction），那么就是很有问题的了。

巴塔耶的作品中总是有着潜藏的宗教性……在僭越基督教的道德时所体会的快感事实上预设了将这样的道德奉为准则！

可以说，禁忌中总是有着某种崇拜（culte）。曾经有一段时间，学界对巴塔耶或者对围绕着巴塔耶的话题谈论了很多。我们至少都认同他赋予"连续性"这一概念的内涵，以及至高性（souveraineté）——这些都很受用。在他的作品中透露着来自片段和断裂的诱惑，但同时又有着重构一个整体和宇宙之连续性的倾向……

也许在这里体现出他受到过黑格尔主义的影响，尤其是亚历山大·科耶夫的诠释——毕竟他于20世纪30年代上过科耶夫的课。然而他在写作《内在体验》（L'Expérience intérieure）时，却想要通过在同质思想（pensée homogène）中构建连续概念来和系统决裂……

对于巴塔耶或者其他哲学家都应该从一种隐秘的谱系上来研究，因为这样的谱系对他有着无声的影响力。研究者们总是在试着寻找那些你努力想要消除的踪迹。因此，误解总是存在。

尼采、巴塔耶、阿尔托,我们总是不断回归到对他们的阅读之上。他们是一切对当代世界的分析的基础,然而在他们之后发生了别的什么事,这才是我想要探究的。也许关键的转折点还未到来,或者它确确实实已经发生了——但只有后者才是我们必须要下的赌注,而非反之。不能说尼采、巴塔耶、阿尔托的思想可以为任何可能的分析提供绝对的、根本的基础;我们应该做的,是找到现代性和后现代性的事件,(这两个术语本身无关紧要!)以其独异性来迫使我们发明其他的思考方式和规则,而不是去更正现有的。这是一种帕斯卡式(pascalien)的赌博:我们当然可以打赌上帝不存在,但如果我们反过来赌上帝存在,那将会有趣许多,而且帕斯卡也给出了自己的理由……

对我们来说,情况也是如此。我们当然可以在一个完全"真实"(réalité)的世界中根据真实的法则生活和生存——我们如今在某种程度上正是如此。但同时,如果我们赌的是"真实并不存在"的话,那将会有趣许多!因为令我着迷的是,如果我们假设真实不存在,那么一切都将被颠覆!当然帕斯卡赌的是"上帝存在",但我们在这里和他恰恰相反,我们把赌注下在那个激进幻象(illusion radicale)之上。虽然二者内容相反,但形式是一样的:这样的赌注是为了挑战"真实"而不是为了与"真实"签订

4. 片段与分形

合约（contrat）①。

> 所以从某种观点上看，片段也是一次赌博……

正是如此。片段是一次赌博，而不是对事物的连续不断的经营（gestion）。我们必须赌，必须要下赌注（surenchérir）。当然我们也必须构想关于赌注的术语，不能把它们搞错。总之，在合约与下赌注（即挑战）之间做出选择——二者必居其一！

> 以社会赌博（pari social）来反对社会契约论（contrat social）？

但在我还未签署的时候就已经对我生效的契约算什么契约！一些个人行为，例如与他人建立关系，就并非一种契约，而更像是某种公约（Pacte）或者打赌。在一切象征的行为之中都包含着这种逻辑：我们要么是在运作资本，要么将它当作打赌。

正是合约滋长了这样的幻象：我们以为在合约各

---

① Contrat 常用意义为"合同，契约"。联系到此处与赌注相关的内容，这里可能也指代桥牌中的术语"bridge contrat"，即合约桥牌。后文出现的"contrat social"则特指"社会契约论"。——译注

方之间存在着完美的对称……

简单地说，交换的幻象。我们如今意识到，没有什么东西还在以这样的方式运转了。加速（accélérée）了的循环、加速了的交换——这正是与社会契约的断裂之处。我们到现在才刚刚开始认识到这些问题，但从一个世纪前开始，这个关于契约的神话就在逐渐衰弱了。

契约将被从过去的旅行中堆积的海藻覆盖，就像您不久前说过的那条鲸鱼。①

还黏附着贝壳，在今天看来很显然它也是有毒的！甚至是动物也在某种程度上和社会契约决裂了，而这曾是把它们与人类空间联系在一起的方式。比如，疯牛病……

*

您说"从解放中解放"，其实也就是说要从关于解放的所有意识形态中解放……

---

① "国家化、死刑、教会学校……在这些过时了的议题上，人们长久以来付出了巨大努力，但从未成功过。如今，它们就像一条鲸鱼那样，身上覆满了在过往旅行中堆积的海藻。"此段引自鲍德里亚发表于《世界报》（*Le Monde*）1983年9月21号刊的一篇文章。

如果我们仅仅讨论主体和它的超越形式，那么我们的价值观也只能限定在自由、意志、责任等等同一类型的概念之内。

让我们回到利希滕贝格。您很喜欢他的一句话："自由得以持存，是因为它是最简单的观念。"

从它被给予的那一刻起，自由就是最简单、最容易让人接受的。因为在那之前，它从未出现过。但是要弄清楚自由的概念是如何产生的，则就是另一个问题了——这是个谜……他还说："从根本上说，人不是一个自由的存在，而且在任何地方都找不到这样的法令要求人自由。人虽然不自由，但他并不能也不愿意认识到这一点，因为这对智力的使用提出了过高的要求。所以自由便有条件无限地持存"。这个简单的概念如今只是被另一种更为简单的概念所挑战：自由以某种数字化目的为名，放弃了它的权柄（désistement），将一切都交给编程和程序框图（organigrammes）。这个新的装置（opérateur）凭借着它的自由权限占据了很大的市场。利希滕贝格也曾说："在如今人们所理解的最普遍的意义上发展自由和平等会创造出第十一条诫命。经由它，其他的十诫都将被废止。"我认为他说得很好。有了自由之后，所有诫命的根源就内在化为我们自己的东西，而这同样也是不幸的根源，因为自由使得我们对一切都负有责任！如今，对于这种运用自由的方式人们也开始有所保留了，因为我们能够隐约看到一系列的后果。利希滕贝格同时还说过，对自由的使用有一个重要的特点，那就是我们可以滥用自由。我们能说事物处在游戏之中的一个证据就是，我们能够超越它，并将它献祭。

让我们重新回到关于礼物和反-礼物（contre-don）的立场上来。自由是某种礼物，某种被给予你的馈赠。在我们如今对这个术语的理解里，包含了这样一种观点，即认为我们可以做到一切、知道一切、消费一切，并能把自己变成任何想成为的人。因此，反-礼物显得不再可能了。但获得自由并非没有带来任何问题。比如，当奴隶们获得自由之后，他们中有些人并不接受这样的自由，甚至还起来造反，反抗这样的自由！这就是我们不愿再直面的问题：在人们普遍能够接受的观点中，自由是一个纯粹的礼物。在最近的一些诉讼案件里，出生与否甚至也是一种自由：一个孩子有权利被生出或者不被生出。解放（libération）是一种指数式的反常规系统，它将必然诞生出一种怪物。之所以会如此，是因为我们扼杀了恶的可能性、逆转的可能性、二元斗争（duel）的可能性。我们消除了可能的回应，因此我们也消除了真正的责任。如果我们不能回应自由，为其献祭，那么我们最终将会窒息在自己的自由之中。当事物不再有二元对立的情况后，它们也同时失去了自身的参照物，于是不得不无限制地再生产自己。克隆体正是在他们与作为参照物的人类割断联系之后才得以存在。就像"精神分裂"(Schizophrénisé)一样,"自由"从其根源来说,只能无限地重复自身。自由于是成为解放,即一种近乎神经官能症式的不受限制的过度重复。而尺度则与事物处在二元的关系中,处在他者性(altérité)的关系中。

虚拟(virtuel)世界正是自由化进程的结果:在其最终的完成之内,自由废除了自身,甚至变得不再可见。如今人们尝试着对抗这样的趋势,想要找到新的限制,试图为这种一切皆允的可能性找到道德上的制约。人们企图将一种对自由的人文主义批判糅合到解放的概念之中,但这是毫无希望的。

即便这样分析了一通,谜团依然存在:这个现象是如何出现,并以此种强度不断发展,以至于我们今天不再能够将之废除,不再能够将自由之病灶从我们的心灵中切除?但如果我们从历史及制度的角度看,我们就能看出自由是如何借由一种强烈的自愿为奴的意志来不断纠正自身的,同样我们也能看出历史和制度之间默契的配合。自由本身真的存在过吗?它曾经作为一个理念、一个理想在一种对现代性的启蒙主义幻想中存在过,这是一段略显疯狂的插入语(parenthèse)。想要知道自由是如何能够产生的,依旧十分困难。实际上,同样的问题我们也需要拿来质问"真实"(réel)。

我们可以打赌真实不存在，一次帕斯卡式的赌注。我们可以将真实不存在这个想法重新联系到"完美的罪行"的构想……

如果我们仅仅是说"真实不存在"，这样看上去实际上很滑稽……事实上存在着一种真实。我们可以通过"拟真"（simulation）来达到这种真实，这也是我所选择的途径——我自问，真实本身是否仅仅是模拟所造成的效果。但这本质上不过是让一种效果成了一项原则，让个别案例成了判决与驳回的根据……真实变为完美的不在场证明。

这是完美罪行的关键所在……

确实。这些思想也都是逐步发展过来的。比如曾经的客观实在论，而在后来的哲学史中我们能够找到对它的反驳，如康德……这里就有着明显的分界线。

本体实在的不可知性——事物不作为向我们呈现之所是，而仅仅是作为事物本身的存在时，其实在对我们来说是不可知的。

我们根本就无法构想事物的客观实在！对性质来说也是如此：客观的"蓝色"是什么样的？并不存在这样一种

自在的"蓝色",这不过是一个术语一个观点而已。在这个意义上,实在是我们无法触及的,并将一直如此。我们所能接触的仅仅是它们的表象。如果我们想要通过创造一种客观的实在性来除掉世界中模棱两可之物,实际上我们也在同时创造一种主观实在性,并废除了客观实在性。在其中,二者的作用是共同的:被建构的现实同样包含着让主体如是表象自身的可能。主观性与客观性之间的游戏保障了事物的"实在性"。这样的陷阱不仅仅存在于"世界的客观实在"这一理念中,同样也存在于主观实在中——也就是将主体本身深化为具有表象性的存在。正如像康德所做的那样,为先验范畴赋予价值。而这正是我们整个现代性的认识论之关键所在。

  如今,客观实在的幻象发展到了一个新的阶段,我们姑且可以称之为完全真实。这样的真实想要创造一种完全的超-真实(hyper-réalité),在其中甚至不再有主观实在或者表象的存在。这是我们所在的全新的世界,信息化的、数字化的、虚拟的世界。这种完全真实存在于基本的物理层级上,因其是关于粒子、线段的真实——这是事物的分析性真实(réalité analytique)。在其中,主体甚至无法再认出一个整体的表象。我们已经超越了(au-delà)——或者未能企及(en deçà)——表象本身。但不管怎样,我们肯定在表象之外。客观实在早已被表象的秩序所禁锢,并紧密地嵌入通向对象本身的不可能性里(康德所说的"物自体"，或者拉康的"真实界"），并使得如今的我们生活在一个省略了表象的世界中。表象的系统本身已经为我们提供了一种高效的、出色的、决定性的对表象自身的批判；而这样做的同时，它也阻断了除了"实在"以外所有可能的批判表象的路径（比如借助于幻象的批判方式）。

完美的罪行就是对真实的谋杀，但它更是对幻象的谋杀。我们不可能再回到一个模棱两可的、无法破译的世界中，而只能存在一个被彻底破译的世界。这就是完全真实的世界，一个在我看来完全不能承受的世界。在某个特定的时刻，必然会发生大规模的反移情来对抗对这个世界的完全真实化——这样的世界甚至不是客观的，因为在其中已经无对象存在。

但另外一方面，我们又可以说，这样的虚拟世界自有其激进之处：因为它置身于表象之外或者超越于表象，也就消灭了某些被我们所批判的哲学范畴。因此情况就变得非常为难：想要批判一个消除了主体、拯救以及任何超越性维度的世界是十分困难的。在这样一个不具有超越维度的世界中，在这个运转良好的直接性空间中，一切都以数字化的语词被执行——问题是，还有什么是我们能做的？没有！这就是激进幻象对完全真实的逆反。"经典"的世界被包围在这二者之间，注定要遭遇一场致命的碰撞而无法从中脱身！曾经的世界是关于客观实在的，其中存在着可能的矛盾，其词语是理性的，因此也就存在着反叛，存在着喘息的机会。对完全真实的世界会产生激烈的否认,但会是什么样的否认,我们又能做些什么?我完全没头绪!我们不再可能通过理性的话语来完成革命,但革命是我们唯一可以依靠的斗争方式,除此之外别无他法。在这一点上,思辨的世界是一个典型:它对任何一种目的都毫不关心。如果某天发生了一次碰撞(crash),那还将剩下什么?也许只剩下碎片——碎片而非片段。现在已经如此,我们生活在一个碎片和废物的世界中。核污染不过是这一问题微小的展露……

片段如何对抗碎片呢?

实际上,我们会发现我们不断在片段和分形之间摇摆。我们被夹在二者之间的方式是如此戏剧化,以至于我们不再有关于事物的戏剧化表象的因素。所以每当我们面对暴力的事件时,如果我们能有让它戏剧化的方法(dramaturgie),某种意义上我们就能得救。然而,完整的宇宙不再是可被戏剧化的,它是去-生机(dévitalisé)、去-戏剧化(dédramatisé)的。我们所遭遇的是一个不可能被超越的宇宙,后者已经吞噬了自己的超越性、自己的图像。这是一个拼贴的世界,这是一个事物同其表象之间发生短路的世界,这是一个浸没在视觉中的世界,并且每种图像都被世界的生成图像所消融——这恐怕才是最大的危险。

在系统内存在一种恶魔般的新陈代谢（métabolisme diabolique），它已经和一切批判的、讽刺的或矛盾对立的维度融为一体，让一切事物成为分形。一切都是在线的（on line），而没有东西能对抗一个在线的事件。

5. 人类学的片段

也许我们对人的观念太过于拟人化了。

——斯坦尼斯瓦夫·莱克

我想回到一组对我来说很有启发的对立概念上，即社会赌博和社会契约。似乎，举例而言，解决城市暴力和学校暴力的最佳办法是重塑社会契约。这简直是一种超现实主义的赌注，就好像学习国家的契约论基础就能从深刻的层面上解决一切问题似的①！

"社会"的概念和"人类学"的概念一样，都偏离了自身。当社会的概念诞生时，它代表的是同一切宗教或超越秩序之间的决裂。它有着一定的极端性，因为它和在行动

---

① 法国中学的哲学教育强调以启蒙思想为代表的公民教育，社会契约论正是启蒙思想的重要内容。这里其实是指，国家希望通过公民教育来规训学生，从长远角度上解决城市和校园暴力等社会问题。——译注

中的社会以及从历史中诞生的矛盾冲突联系在一起。但随后，社会自己就变成了专制的、帝国主义的概念：就是在那时，它以一种回溯的方式延展到过去的一切社会中，并以预期的方式延伸到任何可能的社会中。这样一来，它丢失了自身的定义：如果从历史的一端到另一端都是社会的，那么社会本身就什么也不是了——这是一切总体性的概念化（conceptualisation totalisante）都会导致的致命结果。人类学已经开始走同样的下坡路：它将人的概念扩展至一切社会形式中，然而其中一些社会形式根本不能对应于这种概念，它们实际上是一种独异性，应该依其所是。但有一种比较特别的人类学方法确实这样做了，它将相对主义的武器运用到对现代社会的分析中，这让我们能够摧毁普遍主义或其概念。社会契约的目的是在抽象之物上盖上印章，封印住游移不定的现实。正是分析性的抽象创造了"社会的"。从根本上来说，"政治的"概念也是如此，我们通过这个概念究竟想说的是什么？

我更愿意将事物视作可逆的形式，或者视作挑战和诱惑。不过，对于这个形式的世界来说，没有什么比纯粹的概念分析更加与之矛盾的了——这种分析通过术语、科学或者机构的中介作用贯穿在一切事物中。如是，我们很容易陷入无意义的陈词滥调里！

　　如果我的理解没错的话，所谓"社会的"其实根本无处可寻（introuvable）？

只要社会还仅仅是一个乌托邦的、不稳定的、未建构的（non instituée）维度，那么它还是能有颠覆性的价值的。然而一旦它被建构了，即便是以社会契约的形式，事情就会变得不同。社会契约是否从未起过作用？这是个谜。对于那些拟定社会契约的人来说，它的确有用，可是它究竟有没有被承认过？这一问题对现代性的方方面面来说都适用：对事物的理性化（rationalisation des choses）是否真的发生过？社会就像是一个超文本（hypertexte），它滥觞于（至少）十八世纪，经由知识分子和政客们不断维持着，是后者的营业资产①。它虽然没有和现实相割裂，但总是独立运作，就好像是一个极为完善的技术物（objet technique）一样。社会成了我们唯一能够用来指涉事物的方式，因而我们的目光无法穿透社会的封闭黑箱。好消息是，当重大的事件变成了失业或者疯牛病之时，各类现象的发生似乎不再落入社会的窠臼中……

以及恋童癖……这三个事件更符合您在《冷记忆4》里所说的反-事件（anti-événements）和非-事件（non-événements）。

---

① 法律意义上的营业资产（fonds de commerce）是一种无形动产，其中最重要的是顾客群体与租约权。在这里指的是社会（选民、代议制赋予政客的权力等）是政客所经营的无形资产。——译注

确实。任何事件从根本上来说都不从属于社会或政治的秩序，反而是我们不断试图将之政治化，将政治利害嫁接到其上罢了，比如英国的血液污染事件①。政治终结于事件，但事件来自别处，起源于生物学或者其他领域的争执——将一切还原为社会冲突只不过是在做梦罢了。如今，当我听到人们讨论政治或者社会问题的时候，我感觉他们不过是说给自己或者互相说给对方听而已，这能源源不断地为论战提供原料，但有些东西始终被排除在这些话题之外。真正的问题开始于大众（masse）的概念，开始于沉默的大多数。大众不再是社会的！我们用社会学的术语来谈论他们，就好像他们是一个可以被社会所洞穿、被发展所理性化的实体那样。但事实上并不是如此。我们越是深入社会的领域，无法洞察的暗物质就聚集得越多……

　　这就是您所说的社会之无法被定义的反-物质（anti-matière indéfinissable du social）。大众可以是"惰性的"（inertie），有着中性的力量。而沉默的大多数则不能被视作社会的、政治的或者是意义的导体。

　　事实上，大众是一种彻底反抗性的、不可被还原的

---

① L'affaire du sang contaminé（The contaminated blood scandal），是20世纪70和80年代在英国发生的一起血液污染事件。约三万名血友病患者在输血治疗时，被携带艾滋病病毒和肝炎病毒的血液所传染，导致其中的三千人死亡，是NHS（英国国民医疗服务体系）历史上最严重的医疗事故。——译注

"物质",我们试图用民意调查、数据模型等手段来锚定其形态,正如在物理学中我们试图通过计算概率来锚定混沌那样。我们随即发展出与之相应的科学,希望它能像一面镜子那般反射出大众和社会的形态。这完全是对这一力量的误解:它并非反-权力(antipouvoir),而是沉默的力量(puissance)或反力量(antipuissance)。它外在于社会契约,完全地隶属于挑战的范畴(l'ordre du défi)。

在这里我们又一次发现了社会挑战(défi social)而非社会契约。

社会挑战是另一个专门反对社会的机制;如今,存在着诸多可能的力量,时刻准备去挑战社会;只要看看那些以隐秘、神秘的方式对表象进行的反抗我们就能理解这一点。不仅是对政治代表制度(représentation politique)的深刻挑战,对任何类型的再现形式来说都面临着同样的情况。其结局可能是好的也可能是坏的,因为否定代表——我不再需要被代表,我并不必须被代表——可以是终极的最高权力(souveraineté totale)的象征,也可以象征着你已经被完全淹没、弥散、倾轧,以至于你甚至不再知道自己是什么,也不再有任何需要去捍卫的理想。没有任何知识分子或者政客愿意去直面这种情形,因为民主本身就建立在代表制度的公设之上。如今,有一种越来越强烈的需求,即不想再被代表,这一渴望甚至延伸到了语言之中,引诱着我们不再进行任何意指。

这可是条漫漫长路……

这是一种相对静默的、未知的起义,但对我来说是具有根本性的关键问题。

逃离语言的权力——在语言中,"奴性和权力无可避免地混合在一起"①,正如罗兰·巴特所说的。

在巴特的意义上反抗语言。因为语言是法西斯,它召唤言说(sommation de parler),而法西斯主义想要迫使人言说,虽然人们也许并不想要在那种意义上言说。政客并非都是愚昧的,其中一些人能模糊地知道在发生着什么,但这一点显然是不可能被他们所承认的。我说这些是为了提出这样一种观点,政客们,或者说政治阶层,他们经营着这一虚假的"被诅咒的部分",它完全由那些没人知道该如何处理的社会废料所构成;而大众(并不一定是成千上万的个体)乐于将这些杂事甩给政客们的小集团——或者他们更接近于黑手党(mafia)。这些承担了脏活的人最终

---

① Roland Barthes, *Leçons*, Paris: Le Seuil, 1978.

也成了他们的牺牲品。我们需要对这个情况进行分析性的反转,即不去批评政界人物或腐败之类的问题,而是自问:难道这一切不也是一种颠倒的、未经算计的,因此也无法被攻击的策略吗?我们借助这个策略最终认识到,政治的舞台(包括政客们从中捞到的所有好处)之所以能以这样的形式被人们容忍着,恰恰是因为权力自身就是可鄙的!然而,某种特定的理性主义却让我们相信权力是令人向往的,尤其是当权力和欲望结合在一起,表现为某种理想的混合物(cocktail)的时候。但从来没有任何证据表明,权力——包括表象、真理,甚至是善——是深深地印刻在人类的集体欲望中的。包括社会存在(être social)的预设也是如此。说得好像人类天然就是社会存在似的!

> 这是人类学的共同预设……

人类学的一切努力都不过是为了让这个绝对的预设摆脱困境罢了。如果我们开始质疑它,那么它怎么能立住脚呢?这同时也是新闻媒体和记者们的预设,我们常常指责他们歪曲事实、剥削事件。实际上他们也无法不责备自己,无法不公开地表达悔意。如果,我们承认新闻媒体从事的是一种病毒性(virale)活动,我们就很容易理解,记者们的工作并非对事件起到批判的作用,也不是要去提供原生的材料并留给人们随意取用。人们至少应该有不去相信别人的自由,并且将新闻媒体当作其所是:它是对世界上所发生的事件进行的戏剧化表演、滑稽模仿和戏仿,而不是在严肃意义上为我们提供批判性的信息、知识或认识。因此,应该将媒体人视作其所是的角色,而不要试图去纠正或矫正他们,以迫使他们服从于某种我也不知道是什么的客观性。不需要这样;他们运转得挺好就行了。但我要求保留能让我做出判断的自由,而不借助于任何共谋性的交互(interactivité)。是他们在制造信息,那就让他们这样做吧!这就跟在剧院里一样:我十分乐于坐在观众席里看演员们表演,而我不过是观众中的一员。我们应该试着至少为自己保留这一权利。与其努力让一切都社会化,都发生互动,不如试着说:"不!这是您的问题,而我有为自己做决定的自由。"

这一自由能用来做什么呢?

什么样的事情会发生?这实际上是一个谜。假定人们迫切地不再想要被代表,不想要再有任何人以他的名义发言,最终他们自己甚至不能用自己的名义发言(实际上,所谓个体的欲望和权力不过是虚妄)。如果我们移除了这个障碍会发生什么?我们不知道,却令人感到兴奋。假如去掉了这些倾入性的上层建筑,还会剩下什么?可以确定的是,我们不会发现所谓人类的本性(nature humaine),因为它也是上层建筑的一种。我们不可能在个体的层面上重新发现自然天性，而是一种（我十分喜欢谈论的）二元性：一切都发生在相吸/相斥（attraction/distraction）的形式下；在任一时刻，我们不能明确指出哪些是我们的责任，哪些又是我们的自由……这就是一场游戏！一定要时刻铭记，总是存在着无法被还原的对峙和冲突。但我们总是通过尝试插入一个表象的、理性化的、知性的、概念化的空间来消除这一原始的——或者某种意义上说——野性的（sauvage）境况。

任何高尚的形式都是这样一种空间……

这正是一个值得深入的问题。我认为我们的时代并非唯一提出这类有着无法被解决的极端性的问题的时代关键在于，将这种激进带入核心的深度中，并不仅仅是带入表象的空间，而是某种第四空间（quatrième dimension）；在其中，表象的空间已经被废除了。在一个并非三维，而是蒸发了此问题全部要素的四维空间中，二元性又会变成什么样子呢？

*

当人们并不太清楚该怎么归类您的时候——既不

是一个哲学家也不是一个作家——他们就说您是一位社会学家,一位"正在接受训练"(en formation)的社会学家。这其实挺滑稽的,因为您承认自己其实没有接受过任何社会学训练。

我甚至不再否认了……但大家还是习惯称呼我为哲学家或者作家。都无所谓!必须重新审判社会学!正如我在《在沉默的大多数的阴影中或社会的终结》(«A l'ombre des majorités silencieuses ou la fin du social»)中所做的那样。在其中,从某种意义上说,我对社会学做了清算(J'y réglais mes comptes)。在罗杰·卡伊瓦①和社会学学院(Collège de sociologie)的时代,社会问题曾是一个活跃的研究领域。它曾是一个非常好的攻击角度,因为它完全不属于社会契约论的谱系。

补充一下,乔治·巴塔耶、罗杰·卡伊瓦和米歇尔·莱里斯②在1937年创办了社会学学院,作为期刊《无头者》(Acéphale)的延伸,致力于研究神圣性在

---

① 罗杰·卡伊瓦(Roger Caillois,1913—1978),法国文学批评家、社会学家、哲学家。主要研究游戏、神灵等主题。他将拉美文学引入了法国文坛(引入的拉美文学家包括博尔赫斯、聂鲁达等人)。——译注
② 米歇尔·莱里斯(Michel Leiris,1901—1990)是法国超现实主义作家和民族志学者。同时也是法国国家科学研究中心(CNRS)民族志研究的负责人。——译注

社会现象①的表现。

它与社会表象的系统完全不同，也与现如今作为社会治疗（sociothérapie）的社会学完全不同。社会逐渐变成了大学研究的一部分，一种我们不再能把握的平行的空间—时间，除此之外的范畴都要被驱逐，成为"社会之外的"（extra-socialisées）。社会将很快变成一个完全的范畴——正如一个完全的现实那样——但其中不再会有任何人，它将成为一片荒漠！当然也不会有什么契约了，因为里面没有任何可能的代表存在！在这一完全的社会中，漂浮着政治的结块（grumeau），一块巨大的浮冰，一个虚假的镜子阶段（stade du miroir），以龙套替代演员……相反，在另一个宇宙，一个相互分离、平行的宇宙中，则发生着许多事件；然而后者却不是社会学的对象。社会学家们总是对社会抱有理性主义的观念，认为它指向了一个透明的目的论。

以及时下流行的社会关联（lien social）的观点，它能和任何东西调和在一起讲！

那些思考社会排斥（exclusion）的人从来没有超越于

---

① 参见 Denis Hollier, *Le collége de sociologie*, Paris: Gallimard, 1979。

排斥之外:他们始终将排斥当作不幸!我们应该引入恶的概念来思考它。虽然排斥是一种不幸,但作为命运,它就是其他的东西了——它是被演绎(jouée)和体验(vécue)的事物。人们总倾向于将所有的个体视为被动的存在者!骄傲、藐视、荣誉——这些看上去太过贵族化,因而也已经过气了的概念——被自由和其他一套围绕着不幸展开的概念之星丛所替代。

对受害者的社会戏剧化(théâtralisation sociale)让他们成了被选中的、光荣的人。这反而是种倒转的精英主义,并如伯特兰·维格利(Bertrand Vergely[①])所指出的那样,形成了平等主义时代的某种新的贵族阶层。

现如今每个人都在想方设法为自己在不幸中安插一个位置,这一现象成了社会唯一的表面形式……完全没有荣耀可言!如今,曾作为一个美好理念的社会被具体化了,它被政治所替代,又被文化所吞噬。社会和社会学遭遇了多么不幸的命运呀!布尔迪厄的退行性(régression)路径——以悲惨之人的名义进行社会活动——恐怕已经是社会学继续存活下去的唯一方式了。我觉得很奇怪的是,有

[①] *La Souffrance*, Paris: Gallimard, 1997.

那么多社会学家读过尼采和其他人的著作,却什么也没学到……你如何假装什么也没发生似的固守在你的学科里做自己的研究呢?

我同情——这只是一种修辞,因为没人值得同情,不论是自己或他人——那些总是埋首于自己所掌握的那些已经过时的材料和价值观念中的学者。其中有着一种学科、现实或者团体的内向化(intériorisation),也就是站队的倾向。这会导致跨学科视野的缺失,仅仅沉浸(immersion)在学科内部。有许多人除了完全沉浸于某种东西——这种沉浸本身就是保护主义的一个变体——以外就不知道该怎么活了。对于他们来说,不这样的话生活太过艰难。

我刚刚提到的这些学科内部的问题如今都发生了短路,因为它们被科技的变化冲击得七零八落,而后者是一个更宏大、更有决定性的完整主义(intégrisme)体系。观察学科内所产生的困惑状态很有趣:在冲击到来的时候,这个世纪陷入了痉挛。我们已经在某种意义上越过了终结(passé au-delà de la fin);人们试图保留他们的目的性(finalité),但其实他们已经越过(au-delà)自己的目的了……他们活成了自己的对立面,这种生活方式不再是传统的、代表的、社会的和选举的方式。选举的闹剧已经发展到了一个疯狂的地步,不仅仅在美国是这样!然而我却不知道有什么能够用来替换现行的代议制体系。也许根本没有!这完全是空洞的祝圣仪式(assomption),空洞的演出(mise en scène)!

您用图像来形容这一情形,我引用一下您的原文:"超越终结之后会有什么?虚拟现实将得到延展。虚拟现实是一个被编程过的(programmée)现实;在其中,我们所有的官能(fonctions)、记忆、情感、知性,甚至包括性爱和工作都会逐渐变得无用。在终结之后,在跨政治、跨美学、跨性别的时代,我们所有的欲望机器(machines désirantes)都会变成小巧的奇观机器(machines spectaculaires),随后又变成杜尚式的单身汉机器①(machines célébataires),逐渐在虚妄之中耗尽其可能性。倒计时就是世界的自动消亡。"②

"超过终结"可以成为一种策略;但随着消亡进程呈指数地加快,我们越发难以使用这一策略了。对终结的超越就是要引入另一支时间之箭,让对终结的预设崩溃在事件之中。这会发生什么?我过去经常用这种视角来看待问题,

---

① 单身汉机器指的是杜尚 1926 年首展的作品《新娘甚至被单身汉们扒光了衣服》(1915—1923,又名《大玻璃》)(*La mariée mise à nu par ses célibataires même*)。——译注

② 引自"在千禧年的阴影下或西元两千年的悬疑"(À l'ombre du millénaire ou le suspense de l'an 2000), in *D'un millénaire à l'autre*, Paris: Albin Michel, 2000.

但如今想要预测任何事情都变得愈发困难了，因为存在于彼处的终结不再是一个我们可以设定的未来的期限。终结早已在那儿，我们也早已身处其中。

我们可以设想倒数第二的（avant-derniers）、最后的（derniers），但无法设想在最后之后的（après-derniers）！

嗯，是的！有倒数第二、极点（paroxysme）——也就是说刚刚好在终点之前的——之后就什么也没有了！我们需要找到另一个关于"极限的词"① （oxisme）来指称这个时间空洞……

---

① "关于极限的词"做了意译，实际上是作者根据 paroxysme（［疾病的］极期；［情感、感觉的］顶点、极点）一词的词根 oxisme 所做的引申。paroxysme，希腊语作 παροξυσμός，来自动词 παροξύνω（paroxúnō, to sharpen, irritate），由 παρά（pará, beside）＋ ὀξύνω（oxúnō, to sharpen）构成。作者这里的意思是，除了用 para-这一词头来表达"在极点边上"之外，我们还需要找到其他的词头来和 oxisme 这一词根组成单词，用以形容"在终结之后"。——译注

6. 命运的片段

> 死亡抗拒着我们,但最后它总会屈服。
>
> ——斯坦尼斯瓦夫·莱克

让我们以更加正面的方式来讨论恶的问题,关于其透明性,关于恶的透露(transparaît)和渗出(transpire),关于它的涌现,关于某种裂隙。在这里我们再次回到了片段的概念……

我将回到恶和不幸之间的对立上来。我们身处一个关于不幸和悲惨的文化里。这并不是说要排除物质现实,但要将之意识形态化则是另一回事了。意识形态化的不幸如今变成了某种徽记(emblème)和行动的模式。存在一种关于赤字、残疾、赔偿和利息、法律诉讼的行动派(actionnalisme)。所有的社会秩序都建立在这种关于不幸的商谈之上,正是在其中我们得以获取派生的福利——

这正是在用否定的、悔恨（repentir）的方式对事物进行再平衡。

我们应该逆转这一切，并自问，那从不幸之中渗透出的，又同时为不幸所驱逐的恶究竟是什么？善与恶的区分为事物规定了秩序。从事物被区分为两个不同的原则开始，我们就只能选择其中善的一面，我们处在去消灭恶的普遍趋势中。这一被排斥的、被强行除名的恶显现在善的系统中，显现在一切有德性的、虔诚的事物组织方式中：正是借助不幸的形式，恶才得以透露。这是被压抑（refoulé）之物的再-涌现（re-surgissement）——虽然我不太喜欢用压抑这种表达方式——但其中的确存在着某种物理意义上的倒涌现象。倒涌的正是关于二元论和可逆性的古老原则：善与恶不可分割的观念认为它们既是两个相对立的原则（这些观点很有摩尼教特点），也同时是不可分割的原则。

你可以用失真图像（anamorphose）来理解：恶只能以失真的方式在善的形象中显现，也就是在善的图像趋向于最坏（le pire）的时候。我们的文化认为，一切好的都在不断变好，而一切恶的都在不断变恶。两个过程同时发生，就像两支时间之箭。

关于人类的天性，我刚好有着同我们的意识形态完全相反的观点，后者认为一切都在趋向于恶，但在更深层次上一切又必然会趋向于善。我反对这种关于命运的观念；

它实际上是关于恶的宿命论。站在恶的一边，并且认为一切能量都来自恶，这是摩尼教的观点，甚至也是清洁派教徒（cathare）的观点。恶存在于创世的根源之处。虽然上帝根据善的目的创造了世界，但祂碰到了一个同样强大的，甚至更为强大的质料界。祂其实并没有成功地完成创世。利希滕贝格做了如是假设：这个世界恐怕是由一个不那么称职的上帝所创造的。某种稍显不合适的、低级的神圣性。

以恶而非不幸的观点来重新确立事物是很有趣的一件事。我们能想象所有人都得直面恶——虽然我们费了那么大劲去驱逐它，甚至企图在恶的不幸中驱逐它——就是直面一种命运的形式。如此，人类不再是受害者，而是其自身死亡的掘墓人。

不久之前，我和马克·纪尧姆（Marc Guillaume）共同参加了一场由里昂社会科学高等研究学院（E. H. E. S. S. de Lyon）组织的关于交通事故的讨论。我们在那边所讨论的一切问题——关于速度、危险等——都建立在这样一种观点上，即驾驶员的行为是非常不理性、想当然的（fantasmatique）、充满挑衅的。并且正是由于这种不理性，这些行为必须经由分析和技术加以理性化。然而当时却没人提出，这些几乎是自杀式的行为，实际上是在直面一个万事皆允、万事皆可能的世界。而且，如果我们接受这一切可能性但不给予回应的话，实际上是令人无法忍受的。我在讨论的是一种关于礼物和反-礼物的深层象征逻辑；这并非一种想象的逻辑，也和对安全的关注不相干。存在着一种面对危险的激情。这让我想到了在巴勒莫（Palerme）的情形，在那座城市里，交通简直就是死亡的戏剧，但同时它又运转良好、得到妥善控制：每个人都把车辆开到了发生事故的临界点；每个人都在互相挑衅，不到事故发生前的最后时刻绝不让步。事实上，他们很擅长这种游戏，并且那里的交通事故并不比任何其他地方多。这是一个大家共同参与的游戏，而那些不遵守"危险"游戏的规则的人反而是被瞧不起的！他们是战马，是在冲锋中的骑士……

　　这让我想到赫伊津哈在《游戏的人》里所说的"竞赛"（agonal）阶段，其中一个章节就叫作"推动文明进程的游戏和竞赛"。

　　正是如此。在这种游戏里谈论安全性完全是荒谬的！无论有着怎样的机能障碍（污染、腐败），人们总是企图为事物构建一个理想化的、技术化的版本，用以修复这个纷乱的世界。同时，驾车的行为中有着一种令人眩晕的迷狂（fascination vertigineuse），即和死亡之间玩的一场游戏。在一个驱逐了死亡的社会中，你必须要在别处将它找回。只需看看每天在电视上放的连续剧你就能明白，人们真正想看的其实是周末放送的交通事故集锦，那些灾难现场。

这不是出于同情,而是出于对死亡的迷恋。

米歇尔·塞尔（Michel Serres）认为,导致人类牺牲的（sacrifice humaine）事故其实是一种多神论（polythéisme）的仪式;它由"大祭司们"（grands prêtres）在每晚八点的新闻中举行。对电视新闻来说,其本质难道不正是建立在关于最新的死亡和献祭的消息上的吗?事故、战争、地震、流行病、工厂倒闭,这些都是拿人类来献祭。

那些占据了绝大多数篇幅的政治及社会新闻并不真正激发人们的想象。人们忍受着,把这种新闻当作不涉及生命的（dévitalisé）祭仪;然而气候所造成的天气由之导致的死亡完全不是无生命的!

您在《象征交换和死亡》中已经开始关注交通事故的问题了;现在您的这番分析又提出了新观点。

确实。我发现人们似乎或多或少有意识地期望从技术物件中获取适得其反（retour de flamme）的效果。我们和技术之间似乎在玩一种游戏:不仅仅是作为中介,而是作为一场决斗。我们常常谈论技术的复仇,"弗兰肯斯坦式"的后果——这种说法广为流传。事故和死亡、技术故障和麻烦——它们似乎都给人一种有着邪恶意志的印象,但它们又都在同时建构着事件。这类故障的物件打开了某种缺口,因为在当今,一切都经过了物或符号的中介。幸福或不幸、意外或狂喜都只能来自物,甚至包括毒品这种对技术物件的令人致幻的使用方式(特别是那些新的信息技术)。……

我们也许在这里也能找到解放的策略——正如在《大众的沉默》(Le silence des masses)中的问题一样——这是一种攻击性的、悖论式的策略。无论如何,是以个体或集体的方式挑战着过度的安全性。

能够去挑战安全、自我保存、贪图便利的生命本能是一项非常重要的能力,不存在一种理性的解决办法。我们越是推进安全的进步,就越将人们推向无意义的风险。在这一关系中存在着不可消除的象征性赌注(enjeu),这便是恶得以显露的地方。在我们的生命中,人注定要遭受诸多苦难;同时,我们又给这些苦难赋予了人权和责任之类的价值。有时,恶会从裂隙中涌出:应当让其自由地闯入,不要将其当作不得不承受的不幸,而是当作命运来看待。

这不是命运之爱(amor fati),但这种态度和一般的心态确实不一样,后者归根结底是在将个人的不幸内在化。总而言之,恶的透明性变得更加精致了:由于我们有着如此多的手段（包括数字技术、控制论、信息科技等）去创造善——也就是说创造更多的潜在可能——恶采取了病毒的形式，它变成病毒性（viralité）本身，完全不是某种意外那么单纯。我们习惯于说，信息中包含着病毒，但事实上信息就是病毒本身！

人们倾向于为意外作辩护，以带有遗憾的口吻将它当作对事物秩序的颠覆，并略带悲伤和怀旧地承认，世界确实是充满意外。或者我们也可以反过来不将意外当作某种理想的模式，不把它当作某种革命，而是当作一个机会来自问：如果我们采取不同的态度的话，会发生什么样的变革？我们用政界的腐败作为例子。与其将之当作令人遗憾的副现象（épiphénomène）、某种废渣、个人或机构败坏的恶果，为什么不将它视为某种机能的模式（mode de fonctionnement）呢？这一机能本身就是败坏的（pervers），而非机能故障（dysfonctions）。发生败坏的不是腐败本身，而是秩序；而腐败则是将这种秩序推向最糟糕境地的方式，直至成为它的戏仿（parodie）。这实际上是一种机能亢进（hyperfonction）！这一假设同被诅咒的部分有着共同的拓扑学。我们用过剩（excédent）来干什么？我们必须把它送出去、还给别人、耗费、烧掉……腐败正是一种用来耗费这一过剩的方式！

的确，我们被迫在两个不同的层次上看待事物：一个是以正常的、人道主义的、愤慨的态度来反对"麻烦"

(affaires)；另一个则是在其他层面上对问题做分析。但即便是这种悖论式的分析又会带来什么呢？什么也没有。因为从它出发不会产生任何行动的原则，也不会产生关于事物秩序的平衡原则。

我们要当心愤怒和怨恨……

愤怒的作用是什么？怨恨的作用又是什么？一切都已经在那儿了，而且它们在那儿是因为我们想要如此。在善的意志之外还存在着其他类型的意志。

*

在讨论恶的时候，您抛弃了一切形式的神正论（théodicée），以及它们对恶之存在的辩护。您的观点似乎接近于莱布尼茨观点的反面：与其拉开一段距离以观察全部造物的完美，不如靠得更近一些，在不同的片段中观察造物。恶的问题几乎完全颠倒了过来：恶本身就是完美的，而不是通过对恶的否定来宣扬善。

这就是完美的罪行（crime parfait）。完美就是罪行，因为它是谋杀，对恶的谋杀。当我一开始提出这个观点的时候，我受到了诸多反驳，比如"您对种族灭绝（extermination）

怎么看?"事实上,种族灭绝和恶无关。种族灭绝是以善之名对恶进行的灭绝……它是一个理性的、逻辑的秩序导致的结果。在这个事件中,所有伦理学都陷入了困境:如何不让善的过剩成为其反面?如果一切都是可逆的,那么在目的和命运之间存在着一场游戏;而一旦将恶推到某种极限的话,它也会产生善……

在您的作品中提到,对真实的取消并非源于某些远在天边的教谕(décret),而是由于对真实的接触(contact)。越是接近真实,它解体得越多。

真实将自身表现为一个整体;真实的原则是一个整体的原则。抹杀、破坏、否定这一整体并非天真的行为,而是通过去结构化(déstructuration)来超越一切可能的整体性。我们由此才能进入事物及其显现(apparence)的直接性、即时性之中,超越了表象和真实。我曾经反思过图像的问题:同样存在一种对图像的谋杀,或者至少是对照片的谋杀。因其作为二维的世界不在表象的秩序之中,后者是三维的。"纯粹"状态的图像是某种二维的平行宇宙;从这个意义上来说,它不属于真实的秩序,而是幻象的秩序。图像的谋杀就是用所有可能的方式将它重新融入实在(réaliste)的秩序中,重新融入表象的逻辑中(图像作为反映,作为见证)——这种做法将它作为平行宇宙的全部独异性都抹消了。图像这种二维的存在者其本身就是完美的；它并不需要等待一个第三重维度作为它的补完，不需要这种目的论的观念——这种目的论认为添加上去的东西会让图像变得更完善——作为其增补。相反，任何增补都会取消之前的东西，并牺牲这个二维的世界。二维世界本身就是幻象的世界；幻象本身有着自在的完美，而不必是某种进化中的一个阶段。

> 还有第三和第四维。

第三维是一种否定图像的方式。而第四维，也就是虚拟的维度，是一个不再有任何维度的空间-时间，无维度的空间-时间！我非常喜欢图像的二维性事实，因为它和二元性的观念相关（虽然我自己并不太清楚这种关联是什么）。

> 您的诺斯替主义（gnostique）……

就该如此！在我看来，象征的秩序是二元的，而与之相反，我们所知的一切秩序都是一元的、总体主义的。

> 您以二维的方式理解图像，这同样可以用来形容音乐。

很对。人们刚开始建造支持四声道的录音间时——我在日本的时候参观过一间——其声音效果是绝对完美的，一种关于音乐的完美的罪行。你会产生一种印象，即音乐的幻象也是一个平行宇宙，它也被我们抹消了。声音被升格为一个物体；正是在它的完美形式中，它成了一个物体，一个你无法远观的物体。我们比较一下在音乐厅和CD中聆听歌剧的体验就能明白，完全是两码事！耳机和音响的线路传递的是让人沉浸的声音，人就好像在一个泡泡里那样；而在歌剧院里我们要隔一段距离欣赏音乐。后者是真正的音乐；前者只是精神回路（circulation mentale）罢了。显然，CD能让你更加沉浸，正如一切虚拟世界那样，这种音乐也是虚拟的音乐：效果越是完美，它就越是虚拟的。真正的音乐在哪？谁能谈论它？声音工程师甚至觉得有必要重新放进去一些噪音和杂音来让它听上去更加自然，或者说产生一种对自然之物的超-拟真（hyper-simulacre）……无论如何，我们在声音的世界中所追求的和在图像世界中所追求的是一回事，即增加新的维度——先是三声道，再是四声道，以后就是多声道。在图像中也是一样，我们为它添加上两个、三个甚至是更多维。假使我们希望更加接近审美对象的本质，我们不应该增补，而要减除（soustraire）。要减除所有那些以时间、运动、历史、意义或含义之名增添上去的东西，正是它们让图像自身的天资（génie）变得难以辨认、遭到遮蔽。

6. 命运的片段

进步——或者说所谓的进步——总是包含着增补，不断让其完善化和精致化。物理世界中大概也是如此；一个个假设相互叠加，令人晕眩。想要维持某种能被称为正常维度——它同时也是真实和表象的维度，是美学判断、美学距离（distance esthétique）、知觉和愉悦的维度——的价值系统已经是不可能了。如今这个三维的世界正逐渐变得动荡起来，浸没在第四维的世界，即虚拟的和数字的世界中，我称之为完全真实（réalité intégrale）的世界。我们刚刚提到的音乐就是完全真实的音乐。

类似地，我们可以将这一分析拓展至社会、政治和各类关系的领域。随着所有可能性在虚拟中的拓展，随着各类问题在各种选择中被分摊，事物好像正在被消解。我们在追寻什么？我们在努力地试图自我实现吗？这当然是很官方的说法。或者我们实际上是在努力让自己消失、让自己掩藏（dissimuler）在散布（dissémination）之中？我认为我们的确是在这么做：屏幕是呈现为深渊形式的表面，而不是一面镜子；它让人丧失自己的图像和全部的想象力。

做出选择是艰难的，因为我们被迫接受不断激增（prolifération）的图像，被迫接受着借由屏幕发生的世界的生成-图像（devenir-image），被迫接受整个宇宙的生成-图像，即一切事物向图像的转化。但一切皆为图像之处无图像存在；也就是说，不再有作为幻象、例外、舞台（scène）、独异性和平行宇宙的图像存在。这一分析对音乐也适用，对于艺术来说也是，因为如今所谓的艺术作品不再置身于幻象的维度中，而是多少和技术相关的性能表现的维度，虽说技术能更好地调动颜色和形式。并且即便艺术仍然是平面的，如今也已经成了表现的平面，一个平面-屏幕，而不再是通过对景深（profondeur）做减法而得到的平面了。

    如果我没有理解错的话，您是在说一切都变成了屏幕！

  正是。在屏幕中，景深不再是一个问题了，因为不存在屏幕的另一面，但对镜面来说存在着一种"超越"（au-delà）。这并不是说，一切表现为艺术的东西都属于屏幕，很幸运的是仍然有着例外。每一个真正的图像、每一张真正的照片，只有作为例外和独异性才能有真正的价值。但屏幕的真实恰恰相反，占据其中的只有连绵、永恒的连续性——在完全真实中，不再会有例外。

  顺便一提，这对我的摄影展"谋杀图像"（Le meurtre de l'image）来说也是一个问题。然而，与我刚才告诉你的那套理论相矛盾的是，我在展示照片的时候同样遵循了系列的原则，可是直到开始展出的时候我才意识到了这一显然的矛盾……我在说了一套关于图像的独异性、不可还原为三维世界的二维世界的理论之后，还是在这个展览中用了系列的原则。这一原则对于图像来说是进入第四维度的一种方式,即分形的维度,也就是对图像的谋杀。那就如此好了,我不试图为自己辩护。我也明白,这套说辞含糊不清……

让我们回到关于减除的必要性的问题。减除是必要的,因为减除到最后会产生片段,而我们不能将片段和分形混淆起来。

事实上,我们必须强调二者之间的区别。分形是一种分裂(segmentation)、是一种增殖(prolifération),但每一个元素并不在其周围制造虚空。而片段却在其周围产生了一个虚空,一个空白的区域。事实上,这也正是独异性得以被构成的原因。根据穆齐尔①的说法,片段是可能存在的最小的整体(le plus petit tout possible)。当罗斯科(Rothko)谈到他的作品时,他认为其最重要的特点是,它们在全部方向上开放的同时,也在全部方向上再次闭合(referme)。我非常喜欢这个意象:在所有方向上再度闭合……这正是我所以为的片段。片段会在不同的方向上再度闭合,而分形的宇宙既不开放也不闭合,没有舒张和收缩(diastole-systole)的运动,没有呼吸,没有它自己的节

---

① 罗伯特·穆齐尔(Robert Musil,1880—1942),奥地利小说家、散文家、剧作家、工程师。代表作为《没有个性的人》。——译注

奏；有的只是持续不断的衍射（diffraction）！凑近了看，分形和片段之间没有多大区别：二者都不是真实和表象世界的一部分，它们都在意义和表象之外；但二者实际上是相对立的两端——这一区别很难把握。

片段是失真，而分形是复制。

或者说是新陈代谢（métabolisme），是转移（métastase）。我们可以制造出有着无限差异的系列，也能在各个差异的系列中游戏，但这些都只是光谱上（spectre）的差异，差异之"光谱"，而非形式和细微差别（nuances）之间的游戏。

而在分形中，人们又能重新发现自己，并且不会再次迷失……其中附着了某种同一性的原则……

分形是一个无限的宇宙……比如在照片中，系列的存在几乎是注定的，因为技术设备本身就被设计成能够无限地工作下去。如同摄影的行为本身，就其潜能来说是无终结的：我们无法停下拍摄，照片的任何用处都附带着这种可能性。这是一种危险吗？可能更多的是一种眩晕（vertige），也是一种耗费（dissipation）。所有的技术物件都附带对自身的不确定的重复，照相机也没有例外。那么停止的可能性在哪？这种不仅仅是减除，而是截断流、停止涌动以重新发现我们刚刚所说的虚空、空白和悬搁的可能性在哪？

*

我们总能发现某种踌躇（hésitation）的存在：一方面，回归"一"，融合为一，因此变得难以表述（indicible）；另一方面，企图超越"二"，走向"三"，成为基督教的三位一体或者黑格尔的"扬弃"（Aufhebung），即辩证的综合。这就显得保持在"二"之中——在纯粹的矛盾中、在振动和浮动之中——是如此困难……

我们必须时刻努力保持这种失真（distorsion）。尤其不应该调和一切事物，但事实上，无论是在理论还是实践中，所有人都在试图调和不同的原则。正如斯坦尼斯瓦夫·莱克所说的那样："从没有人问过正题和反题是否愿意形成一个合题。"让正题和反题就如其所是（laisser vivre）吧，别让事物终结于合题之中。应当保持这种失真，将它们包含在分析之中，保留在概念里。但我们总又回到调和或超越的解决方案之中，似乎无法避免……话语总会将我们十分"自然地"（naturellement）导向它；每一次，我们都必须重新制造裂隙，为恶重新打开一种对抗性的、无法缓和的可能性。

我们必须抵挡住辩证法的诱惑。在您的思想中，拯救的概念是完全缺失的：没有什么要去拯救，也没有什么要去期望。您所发明的关于恶的思想中没有什么栖居于其中的东西。哪怕是通过一种隐秘的方式，即认为某些东西丢失了，但又能以某种方式被找回——这些都不存在于您的思想中。

恶在和不幸的对立中就获得了其完整的意义。而在它和善的对立中，这种意义要模糊得多。"恶"有一种近乎浪漫主义的，甚至是魔鬼般的含义，因此恶也就带上了宗教的印记。如果我们想要避免让自己看上去如魔鬼一般（satanique），恶的话题就会很难展开。

巴塔耶经常屈服于这种诱惑。我想到了他在兰斯的天主教堂那悖论式的皈依致辞："我们回到了您出生的土地。"这一致辞既是对天主教的皈依，也展示着颠覆它的决心。他从未放下僭越的意志，他仍然被获拯救的经验所纠缠。这也是萨特多少对巴塔耶有所指责的原因，后者发生在马塞尔·莫雷（Marcel

Moré)的沙龙里举办的那场著名的"关于罪的研讨会"(Discussion sur le péché)① 中。

巴塔耶感受到了回到某种几乎是自然之秩序的可能，一种连续性的秩序。它是关于普遍经济、自然性（naturalité）和太阳能量（l'énergie du soleil）的秩序，并且在巴塔耶的思想中确实存在着这些要素。巴塔耶实际上有着一种理论的幻象（vision théorique）。我们阅读巴塔耶时，应该将这些理论当作幻象，并且避免将它们剖析为关于善或恶的系列。当然，任何时候理论都难免有谱系和参考；可是我们必须在某一特定的瞬间里截取思想的图像（photographie instantanée）。思想就是其所是，无论它可能有什么样的曲解。我们应当发展出一种关于概念的幻象式的现象学（phénoménologie visionnaire des concepts），而不是坚持认为概念是错误的还是正确的。

---

① 《关于罪的研讨会》，首次发表于期刊《活生生的神》(Dieu vivant) 1945年第四辑。重新发表在 Georges Bataille, Œuvres Complètes Ⅵ, Paris: Gallimard, 1973。马塞尔·莫雷是一位多题材作家，"三十年代的不墨守成规者"，在巴黎的梅吉西里（Mégisserie）河畔曾经举办过某种形式的沙龙。1944 年 3 月，他在家中举行了这场研讨会。这场神学—哲学的争论围绕着巴塔耶创作的十四篇关于"善与恶以及它们和存在或存在者的关系"(le bien et le mal dans leur rapport à l'être et ou les êtres) 的论文，以及让·达尼埃卢（Jean Daniélou，耶稣会士）写作的驳论展开。参与这场热烈讨论的有皮埃尔·克洛索夫斯基、路易斯·马西尼翁（Louis Massignon）、莫里斯·德·甘迪拉克（Maurice de Gandillac）、阿瑟·阿达莫夫（Arthur Adamov）、让·伊波利特、皮埃尔·伯格林（Pierre Burgelin）和让-保罗·萨特。

7. 片段与病毒

> 网络的风吹弯了它们的神经元
> 直至器物世界的虚拟边界。①

那么，抵抗病毒性是没有疑问的，无论如何，至少不再是现代性全盛时的历史斗争（luttes historiques）的模式。

我对于抵抗这个概念本身就有些抗拒，因为它是批判、反抗、颠覆性思想的一部分，而这些已经是过去时了。假如"完全真实"已经消化了所有的否定性，那么反抗它、贬损其有效性，或者将某种价值与其反面对立起来，抑或是用一个系统反抗另一个系统——这些做法未免显得过于

---

① 这两句诗是对何塞·玛丽亚·德·埃雷迪亚（José-Maire de Hérédia）的名篇《掘金者》中著名的两句"贸易风把斜桁吹得弯腰屈膝，直送往西方世界神秘的地方"的戏仿。参见郑克鲁，《法国诗选》。——译注

虔诚而虚幻。真正能起到作用的——如果不是独异性的话——不是抵抗，而是在另一个世界中建构另一套游戏规则。也许，由于这一套新规则，这个世界最终会让自己走向消亡，但它在某一特定的时刻为系统自身设立了一个无法被逾越的障碍……但这绝不是正面的抵抗，因为抵抗不再可能了。

之前，我们已经区分了四种攻击和防御的方式，四种不同的进攻性和防守性的行动，建立起了一种谱系学：狼、老鼠、蟑螂、病毒。一开始，敌人直接向我们冲过来，这便是狼——也包括作为敌人的人类——我们设起路障，堆起堡垒，我们修建起中世纪的城市，总而言之我们直面敌人来反抗。敌人是可见的，我们知道自己的敌人是谁，这种情况的极限一直持续到马克思的阶级斗争理论，在那时，我们一直处在这种模式中。之后，敌人不再是狼，而是老鼠。它们是地下的敌人，正面对抗不存在了，我们必须发明一些新办法，如预防（prophylaxie）、卫生（hygiène），试图将这个不太可见的敌人控制住……后来，又出现了新一代的敌人：蟑螂。他们不仅仅在三维的世界中溜达，而且出现在一切的缝隙中。和老鼠不同的是，它们到处流动，很难扑杀，需要我们转变之前所有的防守方式。第四个阶段：病毒的出现让我们进入了第四维的病毒的空间，在其中我们不再有任何反抗的办法了……那么我们还能怎么办呢？

献祭那些被认为携带有病原体的宿主，以兽医学的方式将它们屠杀。

我们应该看看它们各自都对应着什么：老鼠对应的是所有的秘密系统，如阴谋之类；蟑螂则是对所有系统的寄生，让它们无法疏通和引导（canaliser）事物；但病毒是最糟糕的，因为病毒就是信息本身。病毒是信息的优秀载体，并且也同时是信息的破坏者。它是一个敌人，但我们对它一无所知。甚至，它是否只有一种功能？一种与生命有关的（vitale）功能？想要保护自己免受病毒的侵害是非常困难的。这些问题需要系统自己去回答，以自我防御的方式。但同时，这对于那些想要从背后偷袭这一系统的人来说也是一个问题，因为对于攻击者和防守者来说，都必须遵循同样的曲折和波动（péripétie）。

在政治的话语中则对应着不同的层级（niveaux）：一个是正面反抗（réaction）的层级，另一个则是发泄（abréaction）的层级。我们一定要好好把它们区别开来：反抗就是武装起来反抗，试图颠覆系统的稳定性；而发泄仅仅是由对某物的驱逐——我们接受不了它，仅此而已。我们也不会去同它斗争，也不会去幻想能够克服它，就仅仅是接受不了而已。这种发泄在我看来标志着极为深刻的不满，而且这种不满无法再用批判的精神来引导，也不可能将自己武装起来反抗有形的敌人。

在我看来，为了抵抗无形因此也是难以觉察的敌人，人们必须首先让自己也变得无形且难以觉察，思想自身就必须成为病毒式的。这并不是某种悲观的结论，而是说我们必须用敌人的武器、敌人的逻辑来抵御敌人。我们真正需要的是这样一种思想：为了挑战系统，这一思想必须能匹配上充满悖论（paradoxal）、难以把握且具有随机性（aléatoire）的系统。人们总是幻想着，希望能把问题重新带回到传统的议题（thématiques）中去。人们加入工会、进行抗议、上街游行，就好像我们的世界还和之前的世界一样似的。

弗朗西斯·福山在他最新的著作《大分裂》（The Great Disruption）中说，互联网会重塑我们的社会。在他宣称的历史的终结之后，信息革命让我们得以在工作的场所和家庭生活的场景中（通过远程办公）重新找回丢失的统一性。全新的社会秩序将赋予旧的秩序以活力……

在《历史的终结》中，福山所展现的事物的状态在我看来是无法反驳的，只不过就系统本身而言，他的观点过于乐观、过于富有同情。对我来说，互联网是问题的一部分，而不是问题的解决。我们甚至可以说，互联网是问题的核心。至于易用性（convivialité）和部落性（tribalité）

之类的观念，我一点也不相信。或者我们可以遵循麦克卢汉的传统：他对于新媒介（全球主义、全球村）的分析相当乐观。但他写作的时代，还是一个能够以开放的方式——哪怕不是以一种容光焕发、充满希望的方式——预见事物的时期，因为我们当时仍处在新技术的英雄主义时期（période héroïque）。如今早就不是了：我们身处一个过饱和的时代，而迎接浪潮和把头埋在水里是完全不同的两码事……

什么样的思想能让它自身变得不可见和难以察觉？换句话说，什么样的思想能变成病毒式的？

当思想遭遇一个不再是批判的世界，也就是说一个不再是关于危机和批判思维的世界之时，它会变成什么样？它能够把握一个已经变成虚拟的和数字化的世界吗？我并不这么认为。思想必须和它的对象相互对应（homologue），而且还须能以多种方式摆脱它的对象。面对一个病毒的、数字化的世界，思想自己也必须是病毒式的，也就是说，思想要变得能够创造出与客观批判（critique objective）或辩证批判（critique dialectique）不同的联系（enchaînements）和断裂（déchaînements）。它沉浸在世界之病毒性的同时，也站在这一世界的对立面，否则它便无法作为思想而存在。这是一种结构性的对立，但也是一个很有趣的条件：思想和它的对象之间有何种关联？它是否要作为真理反映对象，还是作为对对象的揭示与折射？

或者等同于对象，也就是所有传统形而上学的形态……

或者思想本身就是一场事件，它加速（précipite）着世界的秩序？我个人倾向于那种参与到世界之游戏规则中的思想，因为如果思想参与的是另一种游戏的话，它就不再有任何抓手（prise）：但它又要能够加快世界的进程，加速其走向终结（在其字面意义上）。思想是一个加速（précipitation）的要素，假使不这样的话它就不能成为事件。在这个意义上，思想是一种命定的策略（stratégie fatale），它隶属于事物的秩序或无序（désordre），也就不再是辩证的。思想强调的正是这种指向最终条件（conditions finales）的敏感性（sensibilité），在我看来正是这种条件代表着当下世界的进程——一个指向极点的（paroxystique）进程。思想正是那个处在终结之前的极点要素，并且不断加速向终结运动。然而，思想仍有一些形而上学的成分。思想或许分有了世界的物理境况（即病毒式的），但它仍是形而上学的，因为它将这种境况转移到了第二种等级，因为它抬高或夸大（montée）了这一"客观"条件，使得这一条件仅仅是在名义上"客观"。思想的真实情况是，在主体和对象之间存在一种相互渗透（osmose）的（虽然不是混淆的）形式，即一种链式反应（réaction en chaîne），而不是主体和对象之间的反射关系。

阿尔都塞爱用的所谓认识论断裂（coupure épistémologique）已经终结了，虽然它见证过某种很法国式的认识论的（épistémologie bien française）光辉岁月……

是的，它的好日子已经是过去时了。过去人们讨论某种关于客观现实（réalité objective）的原则、某种客观的现实的时候，批判思想仍是可能之物。但如果我们讨论的是完全真实——极端的真实，比现实更真的真实，它是一种消失在虚拟性中的、消失在操作的内在性（immanence des opérations）中的对现实的完善（achèvement）——的话，那么我们就需要考虑另一种思考的方式了。这相当困难，因为思想必须越来越激进，必须不断地挑战因果关系的序列本身。在不断将事物向着其终结加速的过程中，思想更加接近于结果的一端（而批判思想则是在原因的一端，总是在寻找原因的过程中）。这一对应着完全真实的激进思想因此处在结果的一端，也就是说一种极点的形式，也就是那些刚刚讨论过的极端现象。

然而对我来说，问题仍然在很大程度上没有解决，因为即便是这种激进的思想也必须以某种形式翻译到语言中。我们回到了这个问题：语言是否可能让这种类型的体操（gymnastique）甚至说杂技（acrobatie）①借助自己得到表达？不管怎样，这种激进思想的好处在于将所有新的要素都能考虑进去：偶然性、数字化、虚拟，以及作为对这些初始条件的过分敏感（hypersensibilité）的混沌（chaotique）。

混沌理论中"奇异吸引子②"（attracteurs étranges）的概念非常著名，它说明了系统对初始条件的敏感性。为了说明这种现象，我们经常会借助于"蝴蝶效应"这一隐喻。为何不呢？根据气象学家爱德华·洛伦兹（Edward Lorenz）的理论："如果蝴蝶扇动翅膀能够促成一场龙卷风，那么它也能很轻易地阻止其发生。"

我怀疑的是，这个奇异吸引子并非在最终条件中。事物向着其终结所进行的加速运动至少和对初始条件的敏感性同样重要。思想毫无疑问就是一种混沌元素，因此也是

---

① "体操"和"杂技"都是指上一段讨论的那种对应着极端性的激进思想。——译注

② 吸引子是微积分和系统科学论中的一个概念。一个系统有朝某个稳态发展的趋势，这个稳态就叫作吸引子。吸引子分为平庸吸引子和奇异吸引子。例如一个钟摆系统，它有一个平庸吸引子，这个吸引子使钟摆系统向停止晃动的稳态发展。而不属于平庸吸引子的都称为奇异吸引子，它表现了混沌系统中非周期性、无序的系统状态，例如天气系统。——译注

一种初始条件。如是，思想就不再是原因；在我看来，它更接近于命定的期限（échéance fatale）。这并不是在无可避免或厄运的意义上，而是说它命定要走向终结。

对我来说，它和病毒有些不同。病毒性并不属于命运的范畴，即使它也有不可抗拒的特性，而且它也有着和因果系列不同的范畴。那么思想是否能够从属于那种范畴，创造链式反应，产生直至无限的换喻系列（enchaînements métonymiques）？当然可以，但它不可能从属于克隆的范畴，即一种病毒式的增殖——这是难以想象的。我曾想象过这可能是激进思想的一次好机会：因为所有的事物都在把各种功能转变为操作，思想就不再需要关心它们，它因此能够摆脱关于对象的责任以及笨重的功能，比如知识或对原因的追问等等。

这对思想来说是一个以失重的方式（en apesanteur）进行激进化的机会。在目前的无序状态中，这也许是我们应该采取的选择。但在这一理想化的脱钩状态中，如果思想要建构事件，它必须重新把握住事件和事物的新秩序，即一切数字化的、虚拟的新策略。

> 我们也许应该将总体的批判和加速的思想视作平行的进程……

思想必须总是一种挑战，它应保留某种反-礼物的特性，而不是作为批判性的反对、作为可逆性或作为对抗的力量（在其字面意义上）。

批判思想似乎和它所批判的世界身处同一种节奏里……

在这个意义上，批判思想是某种哲学的继承者。整体性的批判（intégration critique）作为一种共谋的形式让矛盾仍能有一席之地。然而，如今——关于矛盾的批判性思想已经在某种程度上被事物的进程所吸收和吞噬——思想需要为自身找到其他的领域，它也许应该转移到第四维之中，以俯视那些没有思想也能够运转的事物。在病毒性中，不再有任何超越性的问题，因此也不需要反思，事物以类似于自动书写（écriture automatique）的方式运转着。思想也必须找到一种自动运行的方式，也就是说由其终结预先决定的（prédestiné）展开方式。最合理的假设是：在人类学甚至是宇宙论的范畴内，正是事件在追寻着终结，但绝非某种超越的目的。

*

在《冷记忆4》中，您写道："在停止前雨量加倍的大雨，在接近瀑布时流速加快的河水，在接近胜利时动作失调的田径运动员。在最后状态极敏感。"① 以及您用更加幽默的口吻写的："据说老手表总是走得快。迫不及待地要了结自己?"② 我们如何谈论这种接近终结时的时间加速（accélération）呢？

在我看来，这是一个客观的过程：事物，比如水，当它接近瀑布的时候，也就是接近终结时，它流动得更快。这似乎是一种没有根据的直觉；也许物理学可以证明这一点。但它也是一个我能主观感知的过程，事物经历着加速，预见了其终结，并且终结以先在（précession）的方式参与到了事物正在运动中的当下。在其中，有着一种完全的不确定性，但这就是思想自身的一部分。正是思想包含着自身的终结，正是概念包含着自身的实现——字面意义上的灾难所在。

思想应该比事物走得更快，比世界走得更快。某种意义上，世界先于思想而存在。世界甚至并不假设任何客观的实在，它比思想运动得更快。经济就比关于经济的思想运动得快。但也许，在另一个领域中，思想可以通过自己的方式——也就是省略（ellipse）的方式——运动得比系统更快。在思想和世界之间，存在着一种总是含混的相互平

---

① 参见让·波德里亚：《冷记忆 4》，张新木、陈凌娟译，南京大学出版社 2009 年版，第 32 页。——译注

② 同上，第 64 页。——译注

行或相互包含的关系：它们是同步的（synchrones）吗？它们必然是相互分隔的吗？它们必须存在吗？在思想和世界之间的距离决定了二者之间存在不对等的节奏（tempo）。那种将思想视作世界之反映的"保守"观点让思想总是落后于世界。里尔克曾说："事件运动的方式决定了它们将不可避免地总是发生在我们之前。我们永远追不上它们。"

这就是历史学家式（historiciste）的批判思想所面临的情况，它无法思考那些总是逃脱其掌握的事物。

这种思想总是某物的阴影。但存在有另一种思想的可能，语言让它成为可能：如果我们处理的仅仅是事实，如果只有事实存在，思想本身就只能隶属于事实，它也就不会比世界运动得更快。但语言是闪烁的（fulgurant），因此可以采用另一种维度，一种横向的（transversale）形式。如果我们接受客观世界的存在，那就能够假设它遵循因果链条。因此，它不可能运动得很快，因为它不能快过这一链条。但相反，如果我们假设：存在着由思想煽动的（instigatrice）非因果的序列，在其中，结果先于原因，因果链条将会以不同的方式形成和解构，因而让思想比世界运动得更快的可能性就是存在的。当然，后者才是让我觉得有趣的路径……

病毒本来的特性就是如此，不是吗？

在某种意义上是的。病毒是另一种不属于因果链条的路径。思考病毒应当超越关于客观现实的假设，面向完全真实。也正是这同一种运动让分析的思想采取了激进的形式，并让世界转向了病毒，转向了完全真实。传统的客观的思想无法再用来思考病毒的世界，那么与后者相称的是什么？在这一点上，我们回到了语言之中，返回到语言的省略形式，恢复由它的浓缩、它的速度所提供的卓绝可能。显然，这并非指空间上的速度。那么这是一种加速吗？我不知道……可能更像是省略，一种将事物混杂（télescoper）在一起的能力，因为语言并没有和因果进程联系在一起。它甚至可以变成纯粹的效果，作为一种幻想式的隐喻，借助它的速度开创一种关于事件本身的先在形式。

但无论怎么样都不是关于预期的思想，而是关于加速的思想。

是，它是关于加速和先在的思想，而非关于连续性；后者属于理性的范畴。先在的范畴质疑着起源和终结，倒转了连续性的序列。

7. 片段与病毒

历史和传统的历史哲学都是连续性的。您所说的其实是一种"转叙"①（métaleptique），即和传统的理性进程发生断裂，并将之倒转。

的确。语言肯定在其中起到了某种作用。也许在语言之外还有别的形式——造型艺术或者声音艺术都有可能。但语言在我看来是最重要的载体，其他补充性的载体则包括分析的、因果性的思想，后者实际上在我们的日常对话中被使用。我们习惯于生活在日常语言的谓述之中，但这并不妨碍语言和思考的行动具有差异化（se singulariser）的可能，也就是说，采用一种省略的，而非句法的形式的可能。因此，要点在于创造独异性、创造不遵循事物之常轨（cours normal）的装置（dispositifs）。并且由于它们成了独异性，它们能够运行得快得多。在运行中，它们也不再依赖普遍性，不再依赖普遍性和特殊性之间的辩证法。这类事物是独异的。艺术的全部工作就在于将语言引导向这种独异性，拔除意义的特殊性和普遍性，类似于我说的对情境的诗意移情（transfert poétique de situations）。

---

① 转叙是由法国结构主义文学理论家热奈特（Gérard Genette）所提出的叙事学术语，指文本内部出现的反常规的跨越叙述层之间界限的现象，比如故事外的叙述者或受叙述者进入故事的空间之中。文学实例可参见胡里奥·科塔萨尔（Julio Cortázar）的短篇小说《公园续幕》，中文译本收录于《游戏的终结》，人民文学出版社，2012。——译注

*

您将独异性和平庸对立起来，但并不是为了重新回到普遍性和特殊性的范畴内。对您来说，这种对立也是超越同一性和个体性概念的机会。那么您为什么不继续深入——哪怕以一种暗示的方式——对民主的意识形态之基础的批判呢？不这样做真是不可原谅！

我不会在这一阵地上进行战斗，因为它是意识形态化的、蛊惑人心的。显而易见的是，民主，正如利希滕贝格谈到自由的时候所说的那样，是一种简便的解决办法（solution de la facilité）。在我看来，人生而不自由，这是自明的；但是出于某些晦暗的原因，这种自明的不自由对人来说是不可忍受的。像这类简便的解决办法随随便便就能列举一大堆：真实就是其中之一。思想是它想要分析的世界的一部分，二者之间存在着一种驳杂和循环，因此使得真理永远不可能存在。想要从这种有思想参与到其中的循环里析取出真理是不可能的；在其中，思想既是整体的一个片段，也是整体之镜。它将永远无法提供一个让自身成为知识之主体的欧米伽点！我们因此处在一种彻底的不确定性中，即世界的非-真理（non-vérité）、非-真实（non-réalité），这就是幻象的原则。幻象存在于此，但它也是无法忍受的。

7. 片段与病毒

这不是柏拉图主义的幻象，也就是最低等级的知识。

　　这也不是康德的观点，即我们只能有关于事物的表象，而对于自在的世界本身我们永远都一无所知。并非如此，幻象是别的东西，它存在于我们刚刚谈到过的混杂和可逆性之中。这一幻象很难与存在和解，所以我们只能用最方便的解决方式：通过分隔开主体和对象以建立起一个客观真实。某种意义上，我们可以认为，从做出这一区分开始，对象就会落入客观现实的囚笼中，而主体则会终结于其自由的幻象里。

　　这种双重幻象的理论有些难以接受。别人可能直接会这样质疑我："什么？自由不存在？但您明明在像一个自由的主体那样行动！"即使科学已经发展到了绝对不确定性（incertitude définitive）的阶段，这种显而易见的方便法门仍能留存下来。但对思想来说，永久地逃离这种办法的游戏是非常令人兴奋的。为了能够思考恶和恶的原则，最便捷的做法就是将之视作不幸；每当我们这样做，失真与错位就无法避免。我们必须接受这种不协调，它是二元论精疲力竭后的形式……

　　总是您的二元论！

二元论就是我的先验的摩尼教（manichéisme transcendantal）。但这种二元论极少实际存在于其纯粹的形式之中。绝大多数时候，它只现实地存在于诸分裂的形式中：不同的生命样态、幻象、所有离散的生命、双重的生命和分裂的社会——这些二元分裂都可以在同一种视角内被分析，并被当作对无法承受之物的发泄。

*

在象征交换中，如您所描述的，存在一种术语的可逆性（réversibilité）：生和死，善与恶，阳性和阴性……这种可逆性并不进入基于使用价值或交换价值的商品交换过程中。

对我来说，二元性的观念确实非常关键：它属于生成（devenir）的范畴。而个体性则属于变化（changement）的范畴，一种复数的同一性。变化和生成是非常不同的东西……形式属于生成的范畴，它们从来不是个体化的。形式、性质和独异性都是无法比较的。它们无法被还原为数字、倍增（multiplication）和计算，而个体直接就寄身于量化和倍增之中。正是有了后者才有大众、大众文化，或者克隆的概念。如果你愿意的话，还可以说计数的个体让分形成为可能，因为它折断了二元的关系；而如果我们像

7. 片段与病毒

做算术那样从一个基本单元出发的话（二元关系的断裂让这一基本单元成了唯一的出发点），我们就能进行任何想要进行的运算——我们因此身处一个运算的（opérationnel）世界。于是，人们就陷入了系列之中，陷入了病毒的、克隆的系列……

让我们更仔细地讨论一下与变化相对立的生成的概念。

在出生的时候，自我的形式被某一特定的可能性所占有，其他一切的形式因此都被排除了。显然，从主体的角度看来，其他的可能性早已不复存在。然而我们可以假设这些我所不是的可能性都继续在生成；我虽然存在，但其他的可能性都在持续生成，并且某个偶然的机会我能生成为这些可能性之一种。并不仅仅是其他的我，而且还有除我以外的其他的可能性，使得我能够重新找回二元性的关系。这是生成，而非在变化之下持存的一个自我（moi）。我们能在查尔斯·雷诺维耶（Charles Renouvier）提出的"架空历史小说"（uchronie）① 的概念中找到这种生成：架空历史小说是关于可能性的追溯性的乌托邦（utopie

---

① 架空历史小说（alternative history）是一种科幻文学的题材。它通过修改一些历史背景条件、做出一些虚构的历史假设，在此基础上根据一定的逻辑展开对架空历史的想象，推演一种可能发生的、与现实不同的历史和未来。著名的有《高堡奇人》《差分机》等。——译注

rétrospective）；它假设在某一时刻，某一事件发生并存在了。但正如我们说过的那样，存在并不是事情的全部，那些没有发生的事件持续地在生成。必须承认，它们没有发生；但在实存（existence）之外，还有其他"存在"（être）的方式，并且这些没有发生的事件对已发生了的事件的影响是相当显著的。所以，已经发生过的事件能以虚拟的方式（如果我们可以这么说的话）生成为其他的东西，甚至它也许已经变成其他的东西了。并且，支配事件不是其最终目的，而是那些我们认为已经消失了的其他可能性。它们的生成部分地形成了某些特定事件所谓的真实存在。

譬如，在对法国大革命的分析中，对于一些历史学家声称的所谓客观的价值判断，我们应该将这一事件结合在"架空历史小说"的维度来思考。这里存在着相当神秘的相互作用：在某一时刻，某个决定成了现实，特定的形式强加于其上，排除了其他的形式，但其他可能的结果依然存在。物种演化的过程也许是同样的路径，除了几种功能性的基因外，其他的基因都以晦暗不明的方式在起作用……我们必须认识到，这种同时性并非线性的展开，而是生成。或许——从尼采永恒回归的观点来看——所有的可能性都会回归，总会轮到它们每一个成为现实。所有的可能性届时都将有机会发生（se produire）和再次发生。

自我有着它自己的存在、名字和历史，并且它会变化，与自身同一。然而我相信，它总是被除它自己之外的某物所纠缠（hanté），即被它本来可能成为的东西所纠缠！这一点在诗歌中很明显。比如说荷尔德林：他的诗歌是永恒的生成，是他所描述过的江川流水，也是寄寓他心中的神灵。并非一个同一的自我转变成不同的形象，而是诗人的自我为川流、神灵和风景的变形（métamorphose）提供了一个剧场。也就是说，发生变化的不是荷尔德林，而是流水、神祇通过他发生变形。诗人为宇宙的变形让出了空间……

在这个意义上，荷尔德林更加接近于赫拉克利特："一切都在流动"（*Panta rhei*, tout coule），以及他在图宾根神学院（Stift de Tübingen）的老同学黑格尔①。

事实上，荷尔德林无限接近于赫拉克利特。在这里，我发现了一种尖锐的对立：一方面是诗意的独异的配置（configuration），和形式的变形紧密联系；另一方面则是如今占据主导地位的虚拟现实。当然，我们确实可以让同一性发生变化、增殖，但主体——作为可变的几何学——始终还是在那里。然而在诗意的形式中，不存在被奴役的场所（lieu assujetti），主体是正在生成的诸形式……

---

① 黑格尔在图宾根大学的前身图宾根路德神学院求学的时候，与荷尔德林、谢林是同窗好友。——译注

我们再一次接近于尼采的思想，变形的观念在其著作中频繁出现，不仅仅是在查拉图斯特拉的教诲中……变形和嬗变（transmutation）：在行动之中的激进性，如尼采所言"也许有一天我们身后果然会被如此——称美"①。

确实，语言也是一样。如果要让语言成为形式转化的场所，就不能停留在语言的交互习惯上，因为后者坚持要定义语词和概念。在形式转化的场所中，语词不再是终结和端点（terme），而是游戏的不同要素。语言因此就是被栖居的虚空。

在您的思想中，独异性、命运和不可能的交换这三个概念共同出现。这些关键概念是如何联系起来的呢？

谈论同一就是谈论差异。在差异的范畴内——也就是说在意义、感觉等范畴内，有一个对比和交换的表格。相反，独异性是无法比较的。这是非常重要的一点，因为独异性并不属于差异的范畴。独异性没有一般等价物（équivalent général），它不会被抽象的价值所主导，因此不

---

① 参见尼采：《善恶的彼岸》，孙周兴译，商务印书馆 2015 年版，第二三〇节。——译注

可能对其进行交换。在每一个个体中，一样存在着不可交换、无法被异化、不可还原为变化和存在的东西。这才是命运最终可能采取的形式。

8. 光的片段

　　静歇在夏日正午，或沿着地平线远眺山脉，或回望投影在你身上的一截树枝，直到这一刹那、这一瞬间都变成它们的显像的一部分——这时的你就正在呼吸那远山、那树枝的灵晕。

　　　　　　　　　　　　——瓦尔特·本雅明①

　　哪怕是不完美的、偶然的、片段的艺术也一样能感动我们——这是您自己说的。这也许是一个引入我们话题的好机会。

　　真正的问题是"艺术"这个词，我们讲到"艺术"的时候说的是什么？它是一个范畴还是一段历史？我们如今

---

① 参见汉娜·阿伦特编《启迪：本雅明文选》，张旭东、王斑译，生活·读书·新知三联书店2008年版，第237页。另参见瓦尔特·本雅明：《迎向灵光消逝的年代》，许绮玲、林志明译，广西师范大学出版社2008年版，第63页。此处翻译在两种中译的基础上结合原文做了一定修改。——译注

直觉上理解的"艺术"这一个词被概括为讲座、美术馆、机构、艺术史和一般美学。但是否还有作品能够让自己从一般的、平庸的事物之中区别开来,以称艺术之名?这就是全部的问题。所有的事物在某种意义上都是美学的,以一种残酷(cruellement)的方式。可是在幻象的维度中,在另一个情景中,艺术的力量是否还会存在呢?

您关于当代艺术的评论可引起了不小的争议!

是,这事情还没完。争议还在继续,甚至是在互联网上,人们还在用极为激烈的言辞回应着"艺术的阴谋"(complot de l'art)。这很奇怪,因为许多人从心底来说赞同这一分析,但又同时否认自己的赞同,尤其是那些艺术家和批评家们。

让我们继续说说这个"艺术的阴谋"。

我当时说了什么?首先,当代艺术毫无价值(nul)!我这是在挑衅,尤其是当我为"毫无价值"(nullité)赋予了另一种含义,一种魔法般的含义,甚至是崇高的含义。成为毫无价值、知道如何变得毫无价值、知道如何处理幻象、无(rien)和缺席,这本身就是一种艺术,并且这也一直都是伟大艺术的秘密。之所以说伟大的艺术都是毫无价值的，这是由于它处理的是日常生活的所有垃圾。至少是从杜尚之后，艺术变成了对某种平庸之物（banalité）的自动折射（réfraction automatique）。它把自己变成了垃圾，把自己当作垃圾来处理，但同时又保留着所有用来装点艺术活动的夸张及灵晕。其实是它自称为毫无价值的！但这一切同时又伴随着对"无价值性"的敲诈，即号称："我给你们看这样那样的'作品'，如果你们看不出它们是无价值的，那么你们才是蠢货！"几乎所有人都屈从于这种敲诈，至少是其中的绝大多数人。正如艺术家们对世界或者他们的身体所做的那样——将之奉献给败坏、将之取消——消费者们、观众们也对自身的精神官能（facultés mentales）做了同样的事情，他们也取消了自己的官能。正是在这一共谋之中才有着真正的无价值性。这便是我说的阴谋（complot）……

某种"共爆"①（complosion）……

您可以这么说，它是一种内爆（implosion）和阴谋的形式。但对我来说，无价值性还有其他的状态。并非所有人都有能力变得无价值，它甚至是极度稀有的。并非所有人都能像阿尔托那样疯狂，也不是所有人都能像沃霍尔那

---

① 此处的"共爆"是利沃奈根据"阴谋"一词的法语"complot"自己造出的词，指涉的是下文鲍德里亚所说的"内爆"。

8. 光的片段

样成为一部机器。当代艺术把自身的消失和（两个世纪以来的）自毁（autodestruction）转变为了自身的材料，但这一材料是商业化的、在实践之中被商定的（négociée en termes de pratique）。进一步，艺术否定了自身的幻象原则，以生成为一种性能（performance），装置（installation）的性能，为了占有可见性的全部维度而让自身变得极为功能化。哪怕它作用于艺术家撕裂的、残疾的（mutilé）身体，这种艺术仍然还是观念的行动。这里存在着某种强制的（forcé）可见性，并使得艺术进入了和媒体、广告之流相同的空间内——艺术不再能够把自己和它们区分开。我们还能谈论艺术吗？我并不是在质疑艺术家们的信仰；我很愿意承认他们是在崇高的自我暗示之中做这些事的，但决定性的标准并不存在于其中。

艺术已经进入消费的领域了，不仅仅是指艺术市场，而是说美学的视域已经消费化了。过去（直到 18 世纪），艺术的幻象并不由大众所共享；艺术是极为精英化的、有间距的、戏剧化的。而如今，无论我们是否情愿，大众已经进入了艺术的游戏中，艺术家们应大众的要求自动地融入了这一他者、这一终端。我们很清楚，大众的要求是难以领会的、难以置信的；但当我们考虑到这一大众化的命运，也就是这种平庸的大众化的宿命（fatalité massive de la banalité）时，我们就已经融入其中了。我关于这个主题写作的一切文字都很激烈，是个人的带有主观色彩的反应；

但同时也是一种充满反感和愤怒的回应，更是对这类敲诈的抵抗——这便是我的出发点。当然，在别的地方我们也能找到类似的敲诈，比如说政治的话语。之所以我专门挑出艺术来讲，是因为它号称自己对此免疫，享受着艺术史为它戴上的光环。我发现，艺术对权力和威望的滥用远比我们能在政客和知识分子那里发现的情况要来得严重。艺术家们更是要求一种极端的特权地位。因此，对他们没有怜悯可言，我们必须让他们回到他们所做的事情上面。之后我们便能发现，他们和那些整天抛头露面、上台表演的人所做的事情没有什么区别。甚至该说，表演和信息的概念已经杀死了形式的概念……

您说艺术在将其幻象加诸我们之上时会影响我们的情感。而如今的当代艺术在您看来，不再是幻象了……

艺术不再能够创造这一距离，也就是说另一种情景或维度，另一个可选择的世界或平行宇宙。这并非所谓"为艺术而艺术"，而是对现实原则和现实本身的挑战。而当代艺术以我之见是无法做到这些的！当然，存在着一些"个人化"（personnelles）的例外，然而一旦我们进入了个人化判断的领域内，争论就会被激化。

实际上，这种幻象的、神话的形式有可能已经不再是

8. 光的片段

艺术最通用的形式。某种意义上，杜尚通过对物件进行些微的剪切和拼接，让其在被转换（transpose）到另一个维度的时候自我重叠（redouble），由此导致了某种普遍的脱离运动（décollement）。在那之后，作品独有的幻象消失了。应当记住这一点；同时也要记住，虽然幻象仍有在其外表上重新显现的可能，但断然无法在现今制度化的形式下复活。类似的，哪怕社会曾经有自身的概念，哪怕政治有过自身的维度，在当下的形式中也不可能重新把握它们。

所以，就事论事地来说，如果艺术无法再触动我们，这并非因为它不完美，而是因为它是残余（résiduel），它并不是偶然的，它不再是反常规的，不再是片段化的，而是属于废物（déchet）的范畴。

为了理解这一点，我们用图像和照片来做例子。我曾经因为拍摄照片并展出它们而被人狠狠地批评过。他们认为我这样做就是参与到了艺术之中，变成了艺术家，无论我是否有意为之。然而，我认为摄影这种类型的图像恰恰是我们刚刚所说的那种艺术的替代选择（alternative）。这样说来我其实也没有特别自相矛盾。是否可能存在一种不至于立即同美学、意义或事件等概念沉瀣一气的纯粹图像？图像之近乎人类学的状态——这种只属于图像的魔力，即和我们关于表象与现实的世界相对立的二维存在——是否可能被重新发掘,并借由这一再发掘重新获得某种纯粹性(pureté)?我承认我用的词不太好;但是,是否存在不作为某物之反映或表象的图像(电脑合成的图像除外)?我们之前已经讨论过,思想能加速秩序走向终结;类似的,什么样的图像能够作为现实的加速器(accélérateur)让其走向幻象?这一幻象的加速器能非常清楚地和它的对象区别开,并且在某种意义上作为一种形式吸引着命运和终结。一个图像总是让某个事物终结,图像之上是停止(arrêt),世界停止在图像之上,同时也让这一确定的事物迎来终结。图像所捕捉的是客观的命定(fatalité objective)形式。

> 这让我想到罗兰·巴特在《明室》(*La chambre claire*)中对年轻的刘易斯·佩恩(Lewis Payne)(一幅由亚历山大·加德纳[Alexander Gardner]所拍摄的照片,其中被拍摄者在单人牢房中等待被绞刑)的评论:"他死了,并且他将要赴死。"照片让时间短路……

在图像中有着一个平行宇宙,我们所缺失的维度。应当尽力保持它的存在,并让它脱离于当下的、视觉的、奔涌着各种图像的世界。这很困难,因为"图像"这一词汇本身指称着多个不同的现象。那么,问题在于如何恢复图像的特殊状态(statut exceptionnel)——它为世界带来终结，并且不是作为世界的表达而是作为其流溢（émanation），即某种来自别处的直觉形式。相比于电影，照片对我来说更加接近于纯粹的图像。实际上，通过照片，我们能够将运动、声音、气味、意义从事物中去除——我们能去掉一切！而图像则身在这一未定的减除过程的（soustraction indéfinie）终结之处。相较之下，我们日常生活中的图像则隶属于累加的、信息的秩序，正如传统的思想隶属于累加的、进化的秩序那样。它的反面是减法的——我说的不是否定主义的（négationniste）——秩序，但归根结底，仍然还是在说"真实"和"现实"只会在特定条件下存在，而照片实际上正是让这种条件走向终结。

您说，我们必须将真实从现实的原则中释放出来……图像的核心就在于将真实从客观性的束缚（gangue d'objectivité）中解脱出来。

是的。图像的挑战在于，通过对象来取消客观性的原则，并且将它转换为并非主体的另外某种东西。在摄影的活动中，对象和主体分别有着各自的消失模式。如今，我们已经很少能看到不被摄影师的名声、拍摄的主题或风格所包含或多元决定（surdéterminée）的照片了。特别难看到一幅匿名的照片……一些老照片之所以显得好看，往往只是因为我们不知道它们的出处。它们来自一个业已不复存在的世界，它们没有痕迹，也不在任何地方留下记号。想要看到这类照片是极为不易的，并且只有逼迫你用这种方式去观看它的照片才算是成功的作品。诚然，纯粹的图像不过是一种梦想，但我希望不至于丢失它的秘密。

我们又回到了这个对您来说十分熟悉的观点，即摄影用它最奇异的、最不可预测的形式作为对世界之不满的宣泄。

在讨论思想的时候，我将事情颠倒过来说：嗯，我们思考世界，但这是因为世界在思考我们！在图像中，我也能找到类似的颠倒：对象思考我们，出其不意地攫住（surprend）我们，它开辟了独属于自己的道路。最终，不应该让任何东西阻隔在对象和观看的目光之间，这一场所应当被清空。我又想到了罗斯科所说的，作品应该走向观看的目光和对象之间或者目光和图像之间的绝对冲突。这绝不是禁欲、牺牲或忘我（abnégation）的问题，而是一个游戏。游戏的规则既属于主体，也属于对象，主体并不控制整个游戏。这样说来，照片并不具有特殊的地位，同样的问题可以在任何领域内被提出……我们通常用参与、互动或界面（interface）来处理这一问题，但实际上在我看来这些术语只不过是一些陷阱，因为必须将之视为一场决斗——而游戏也就是一种决斗。在主体和对象之间不再是反射或者折射的关系，而是对这两极的同时取消和二元性的建立。

应该想办法拯救二元性，拯救这种二元的冲突……如今的问题是，整个世界已经变成了图像，想要通过图像来找到能让世界被悬搁的欧米伽点越发困难了。

按照您的说法，照片应该让"真实的邪恶精灵"（le malin génie de la réalité）显露出来。您也在《致命的策略》（Les stratégies fatales）中以同样的方式谈到过社会和对象的邪恶精灵。在邪恶（malin）中，存在着恶。

这正是恶的透明性（transparence）或恶的"透明化"（transparition）。事物只能通过我们赋予它们的意义向我们显现，我们也无法再以极端的或直接的方式接受它们，因为总是存在着某种过滤器（filtre）。理应重新发掘事物之激进的透明化……这可能是恶的透明性，也可能是其他透明的形式。这对于图像来说也是一样：在我们日常的、普通的、乏味的、三维的世界背后难道不存在着一种"基底真实"（infra-réalité）也就是另一个更加微妙、更加隐秘且有着它自己的邪恶精灵的幻象世界？

一个平行世界……

一个平行世界，正是如此。但我们可以期望的是，两个不同的宇宙之间存在着发生关联的点，存在着涌现和消失的点。我愿意相信，因为如果不这样的话，一切就毫无希望了。

让断裂发生的不是一个额外的维度（dimension supplémentaire）。照片并不为真实添加任何其他的维度。也就是说，它并不揭示某种未曾预料到的世界的深度（profondeur）或其超越性的真实：神圣的光环、幽灵或魅影（为何不能是仙女呢？比如尼克·威灵［Nick Willing］的电影《摄影仙灵》［*Photographing Fairies*］）……相反，在您看来，照片是一种激进的"片段化"（fragmentarisation），是让图像真正地扁平化（mise à plat）……

我们几乎能直觉地感受到，自己身处的三维世界并非如我们所以为的那样真实；并且它的存在并不一定要依赖于真实性。图像正是对真实原则的背叛，它揭露了这一原则并非如我们所想象的那样确凿。

诸多人种志研究在分析那些被认为有代表性的照片时，都乐于强调其中所展现的不同文化的完美的异质性（la parfaite étrangeté）。你必须学会去破译三维的

8. 光的片段

空间。关于这一点只要看看皮埃尔·弗朗卡斯特（Pierre Francastel）在《十五世纪》（*Quattrocento*）① 中对透视法（perspective）的发明所做的评论：他称之为一个"空间系统"（espace système）。

这样看来，图像的一个优势正是在于，它对意义的维度、对这一赋予我们真实之幻象的精神维度提出了绝对的质疑。我曾经读过一本非常棒的小说叫作《平面国》（*Flatland*），作者是美国人②埃德温·A. 艾伯特（Edwin A. Abbott），写作于1884年。在其中，他首先描述了一个"点之国"（Pointland），即被还原为一个点的没有维度的世界，因此它其实是一个不可知的、无人居住的奇点，只能将自己当作上帝的场所。随后就是"线之国"（Lineland），只有一维的世界，纯粹线性的；叙事者拜访了这个地方。然后就是"平面国"，即在一个平面中的二维世界。最后是"空间国"（Spaceland），也就是我们所熟知的三维世界。在这之后就是我们从未到达过的、没有名字的世界。

读了这本书之后我突发奇想：原则上，空间有三个维度；随后爱因斯坦为它加上了第四个维度，也就是时间。但时间本身又有三个维度：当下、过去、未来。宗教为时

---

① Quattrocento是意大利语millequattrocento，即"十五世纪"的简写。这一时期是中世纪晚期向早期文艺复兴转变的阶段。——译注
② 艾伯特实为英国人。——译注

间增加了永恒的维度，但上帝本身又有三个维度：圣父、圣子、圣灵……那么上帝本身的第四维度是什么？其中有一条规律，即每一个增补出来的维度都会取消其他的维度，并且第四维度——在其发生的时候，也就是对于现实世界来说的图像的维度——会取消这一世界的客观条件。实话说，我的说法并不科学，但这确实是艾伯特的书给我带来的非常显著的直觉感受……所有让我们能够为事物找到一个原因、一个起源或结果的东西都来自我们和所谓"客观的"世界之间协调的共存之中；诸多假设因此可以并且应该被质疑。图像就是对这一问题的某种隐喻，这也是图像令我感到兴奋的地方：它使我无法再停留在理论思考的范畴内了。在分析的领域内，无论你做什么，你总是处在话语的秩序内，这是一个熟悉的秩序，或者甚至可以说是太过于熟悉了——它总是裹挟着意义。而图像对应的则是异质性的断裂，一个更加激进的没影点（point de fuite）。

您也暗示了，唯一有效地面向真实的移情（transfert）只能通过图像的反移情来实现，并且后者必须被解决……

这个命题可能看上去比较大胆了一些……不过我们可以相当清楚地见证——我自己曾经在一个摄影新闻展上亲身经历过——人们对于谋杀的血腥场景以及对各种类

型的灾难的反应是多么冷漠……这很有问题，因为所有人都生活在这样的幻象中，以为如果我们想要把某个东西当回事（prise de conscience）的话就必须首先见证它。完全不是如此！对事件的敏感性实际上被图像的色情的冲击力（impact pornographique）所彻底取消！这是对图像字面意义上的谋杀，是由意义造成的短路，让图像自身的这种激进的他者性（altérité radicale）不再能够如其所是地存在。然而当它能够存在的时候，即这种对图像的移情——事实上是对图像之意义的反移情——存在的时候，它想要意谓的东西就会作为添加上去的额外之物（en prime）透露出来。

就像精神分析中讨论的痊愈（guérison），如拉康所言，总是伴随着某种增加的东西（surcroît）。

正是，它只能伴随着额外之物一同到来。我们无法直接面对并截取（capter）意义，因为以这种直接的方式被提供给你的图像是接收不了的。所以我们很容易对意义感到冷漠。如果意义或信息（message）想要出现，则媒介（在我们的语境中就是图像）必须以自己的、特有的、自在的方式存在，只有这样我们才可能获得意义。否则，我们什么都接收不到。如果我们牺牲了图像，那么那些我们以为能够通过它传递的意义就无法被传递。在这里，有一种绝大多数摄影师都忽视了的悖论，我也只是在佩皮尼昂①才意识到：一切有关图像之权利的那些专业问题，那些纷繁复杂的冲突矛盾，都是因为这些问题本身并没有真正被摄影师们提出……在照片的拍摄方式中，我们能发现其中的一些做法和艺术之阴谋有些相似之处：在摄影机构、交易商和公众之间，形成了一个如此封闭的信息交易（marché de l'information）的循环（circularité），以至于我们无法在其中找到出路。

　　语言之中也有同样的问题。如果语言不是自在的，如果语言没有循其自身的物质性（matérialité）、字面意义和自身的形式被看待的话，那么所有它企图暗示和明示的意义都无法抵达我们。这是一个非常现实的问题，因为我们正身处意义的灾难之中，身处彻底的漠不关心之中，而这一境况出现和信息呈指数地倍增（surenchère exponentielle）息息相关。于是就会出现某种零和方程（équation à somme nulle）。

　　我喜欢照片是因为它们是片段，是整体最小的可能形式。当然这是一片很受限的领域，但好歹在这里我们能试着探索纯粹图像还剩下什么可能性，或者至少其概念还剩下什么可能性，甚至是超越图像的可能性。

　　　您的照片并不是为了获得任何评论，否则我们就

---

　　①　佩皮尼昂（Perpignon）这里指的是每年在此地举办的法国佩皮尼昂国际新闻摄影奖（Visa pour l'image）。——译注

8. 光的片段

又回到了累积性的、演化论逻辑中了。您对于照片的观点可能和巴特对剧场（théâtre）的评论有相似之处：图像有着它自身的此在（être-là），这便是它的全部，其余的都只是文学而已。

确实，我只在总体上讨论照片；而对于个别的照片其实没什么可说的，因为它是主体和意义消失的场所……

您也从来没为自己的摄影写过书……

当我说我不是摄影师的时候，我的意思是，摄影师是想成为摄影师的人，他们制造一种称为照片的产品。而对于我来说，照片只是一个媒介，一个支点。当然它会揭示某些东西，但它自身仍然是一个非人称（impersonnel）的事物。令我感兴趣的是对象，而不是摄影的计划……

*

您那些早期著作的读者们肯定想不到您会去从事摄影工作！人们肯定以为您对于表象的批判也会包括对摄影表现的批判。

实际上，我们很容易证明摄影——就我所理解的意义上——不属于表象的范畴。哪怕仅仅是让人能隐约感觉（pressentir）到这一点都已经是很大的成就了……正如我们提问"思想是否可能超越意义和真理"那样，我们也可以用同样的方式来提问"图像和照片是否也可能超越表象"。

这就是至高的假设（hypothèse souveraine），激进的假设。对于思想和图像来说，最普遍的假设便是认为，二者被指定了相同的命运——就思想来说，它必须充斥话语的空间，而图像则必须浸透视觉的空间。

> 您作为摄影师的活动是否受到了罗兰·巴特《明室》的启发呢？虽然他自己并不是摄影师，这一点和您有着很大的不同。但同时，他会画画，有点儿接近亨利·米肖①的画风。这让我想到让·科克托②说的："绘画就是以不同的方式被打结和解结的写作"（Le dessin, c'est de l'écriture nouée et dénouée autrement）。

我有幸藏有巴特的一幅画作。您说得对，的确有些类似于米肖的作品，我觉得它很棒……巴特的一位朋友藏有不少他的画作，并曾经在里约展出过。回到《明室》，我相当欣赏这本书，但它并没有对我的摄影直接产生影响。因

---

① 亨利·米肖（Henri Michaux, 1899—1984），比利时诗人和艺术家。早年曾到日本、印度和中国旅行，后定居法国。——译注
② 让·科克托（Jean Cocteau, 1889—1963），法国小说家、诗人、艺术家和导演。代表作为《诗人之血》(1930)。——译注

为它出版于 1979 年，巴特去世前不久，可那个时候我对于摄影还没有什么兴趣！我和摄影的因缘可以说是相当偶然和意外的，并且是在那之后才开始。但巴特的文字业已存在于那里了，作为一个永恒的对位音符（contrepoint, contrapunctum）。巴特将图像核心之处的缺席场域命名为刺点（punctum），正是后者构成了图像全部的强力。

我们已经谈到过瓦尔特·本雅明，他的名著《摄影小史》（*Petite histoire de la photographie*）刚刚在法国重版。在其中，他引用了 19 世纪末发表在《莱比锡城市公告》（*Leipziger Anzeiger*）里的一篇报道文章，其作者将摄影术形容为"来自法国的恶魔技艺"，后者试图"固定飞逝的影像"的计划不过是一种亵渎。

本雅明关于摄影的评论非常重要……我在研究物、图像和符号的时候与他的著作《机械复制时代的艺术作品》不期而遇。那个时候我还不知道他关于历史的论文，我只是在随后才读到……他的文字对我来说异常清晰明白！他极为出色地将起源的维度引入问题之中。这一引入并非以无关紧要的方式，而是和技术的维度息息相关，更是贯穿了对他来说更为深层次的（sous-jacente）形而上学问题。我尤其被他所说的作为"一段距离（lointain）的独特显现（apparition unique），无论它有多近（aussi proche soit-il）"

的"灵晕"所吸引。本雅明也曾经质疑过历史的概念,他是那个时代的先锋……并且他的语言是深厚而诗意的。但他对我的影响不如巴特那样切近。

本雅明关于摄影写了不少强有力的文字……譬如,他说照片"反转了艺术最根本的特性"。

照片为艺术的超越特性画上了终结。但他关于这个问题的说法其实相当含混,但我同样很喜欢这种含混性。他从来不去研究某种超越时间性(intemporelle)的哲学,总是激动不已地迷恋着他所描述的事物——这正是他现代的、当下的(actuel)一面。事物在他的笔下总是二元的。我们并不是在说那种被孤立出来以便能够在分析中被掌握的事物,而是说你可以感受到,在他笔下的事物扭打(se débat)在一起。本雅明被事物所吸引,同时也拒斥着事物(repousse)……他迷恋着摄影的世界,就如同他迷恋现代性那样,无论后者指的是巴黎的拱廊(passages)还是城市本身。他几乎对一切都有兴趣。正是在写作所讲述的事物和它讲述事物的方法之间,他发现了写作之可逆性的秘密:这亦是历史之可逆性的秘密,它并非线性的,它也不沿着某一个方向运行。他提出这种主张的时候,相对论刚刚发表不久,因此本雅明可能是第一位将相对论转译到思想中的人。我不确定是否转译到了观念中,或者是转译到现实中，但确实是转译成了思想……本雅明创造的是一种思想！我们可以区分哲学家、观念论者（idéologue）和思想家（penseur）（即便最后这个术语可能有些太过庄严［grave］了），但思想是另外的东西，它是一个根本还没有被完成的视域（vision）。

试图形成闭环（clôture）的野心无法让思想栖居……

相反，一切事物都会在思想中打开裂隙。从摄影出现开始，发生了许多事情，但从根本上说，我们并没有能在一个被重复、系列和视觉占据了一切的世界中解决事物和图像的关系问题。摄影的出现让一种关于凝视的民主（démocratie du regard）闯入了一个并非全部事物都是可感的、都值得被看见的世界。绝大多数的事物并不会进入可感的领域中……但摄影出现后，突然一下子，一切都进入了这一领域——这是一场真正的革命。本雅明也持有这种观点。可叹的是，革命并非如我们想象的那样，或者说革命不再是它曾是的那样了。但本雅明确实为文化提供了一种非精英主义的（non élitiste）、关于质的、不可比拟的、独异的维度，这一点绝不能被牺牲。

这是一种贵族的（aristocratique）文化观念。

就是这个词，贵族的！同时又对发生在他周围的所有事情极度敏感。在文化领域中，本雅明可以说是托克维尔（Tocqueville）的继承者。他作为流亡者和犹太人，为他同他自己的文化之间的关系增添了悲剧的层面。如今再也不是这样了，文化只是被视为得到公意认同的媒介（medium consensuel），一种很好用的整合（intégration）手段。在这种意义上，就算我们不从哲学体系的方面去考察他的思想，本雅明也是一位伟大的文人（grands hommes de culture）。此外，他的诸多作品就跟片段一样，最多也只能称之为散文，它们总是很简短……这也是在后期，他最能吸引我的地方——他的思想所采用的形式：省略的（elliptique）、（用摄影的术语来说）快照式的，它反射的是一个已经彻底丢失了一致性（cohésion）和灵晕的世界。我们是否必须像天使①那样，在前进的同时面向过去？

本雅明的著作一方面被烙上了深刻的忧郁（mélancolie）——它是一种质——另一方面又是一场非凡的智力冒险。这是相当独特的结合。

应该提一句，在无数关于摄影的著作中，苏珊·桑塔格（Susan Sontag）的《论摄影》（*On Photography*）是相当卓越的。

---

① 参见本雅明在《历史哲学论纲》第九节中对保罗·克利（Paul Klee）《新天使》（*Angelus Novus*）的评论。——译注

8. 光的片段

我读桑塔格的时候兴致盎然，读维兰·傅拉瑟①的时候也是如此，后者的关注点更多是在技术的层面上。还有不少优秀的作品，其中一些甚至显得有些疯狂（fou），比如《摄影与虚无》（*La Photographie et le néant*），由一位来自鲁汶大学的学者所写。这本书可以说是将本雅明、巴特和德勒兹混在一起的大杂烩。它提出的问题相当不错，但始终有一个相当固化的观点，即把摄影视作对现实的绝对否定，视作狂乱的没影点（fuite éperdue）。事实上，这种否定正是摄影的其中一个方面。它既是对现实的理想化的否定（dénégation idéale），也同时是对表象的否定，因此可以被视作通过特定手段进行的象征性的谋杀（meurtre symbolique），通过技术物件所实施的象征性的谋杀……同样也有对图像的谋杀：人们榨取它以达成各类寄生式的（parasitaire）目的。但这种施加在图像上的暴力难道不是对它的报复吗？毕竟图像自己也在持续地对真实进行着象征性谋杀。

这种使用武器进行的谋杀有点类似于利希滕贝格所创作的那些没有刀刃和刀把的刀——照相机就是一把没有刀刃和刀把的刀。

---

① 维兰·傅拉瑟（Vilém Flusser, 1920—1991），生于捷克的巴西哲学家、记者、作家。——译注

这也是隐形人这则寓言的含义：如果隐形人碰到了某个可见的物体，他就会让它隐形。对于思想来说确实如此，因为思想有着刀刃和刀把。或者应该这样说：思想必须成为不可见的、难被觉察的刀刃，并反过来对付那不存在的（inexistant）、难以把握的刀把（世界、权力？）。在我的想象中，摄影的最终阶段——对我来说从来都不是它自在的终结（une fin en soi），而只不过是它发展的一段历程罢了——可能就像写作一样，是彻底的沉默。

这种"沉默"会让那些热衷于讨论您"禅"的一面的人陶醉不已！

恰恰和"禅"没有什么关系。最终的阶段就是不带照相机穿越整个国家，并且对未能拍摄的照片没有丝毫懊悔。简而言之，要在超越（passer au-delà）影像的同时将事物视作已经超越了影像的事物，就好像您已经在先前的某段生命中拍摄过它们了那样。可能我们已经越过了图像阶段，就好像我们超越了动物阶段那样，后者仅仅在我们的个体生命中保留了作为其微弱混响（pâle réverbération）的镜子阶段。当然，我们并不一定要走到那个阶段；而我坚持认为，在某一特定时刻，一种象征性的活动（写作或摄影）也许会进入事实（les faits）之中，进入如其所是的世界之中，并因此让自身不再有任何赖以生存的场所……但这需要获得某种我所不具有的智慧！无论如何，这看上去很诱人。这种智慧也许是兰波式的，即声称："我已经展现了我能做到的，再见，一切都结束了！"——它曾诱惑了一整代人……或者它可能是一种更接近于隐没的形式，一种消失的艺术。它并不是怨恨，而是将世界如其所是地接受下来，并从此开始尽力排除一切对显现之游戏的干扰，保存这一片如此稀有、如此珍贵的显现的空间。然而对于这一空间来说——这可能同时也是一次机会——我们身处的世界太过喧嚣，我们总是采取一种太过抽象的姿态。总之我觉得，你必须在参与到游戏中的同时身处游戏之外！

*

您在《不可能的交换》（*L'Échange impossible*）中专门有一章"关于光的写作"（écriture de la lumière）来谈摄影，其标题来自希腊语 phôtosgraphein[①]。关于这一点，它如何帮我们更好地理解您的摄影实践呢？

"写作"在这里是一个隐喻，我们讨论的其实是"绘图法"（graphisme）。当"摄影"一词在 19 世纪刚刚被发明的时候，它正是这个意思。

[①] phôtos 意为"光"；graphein 意为"画，写"，photographie（摄影）就是这两个希腊词的结合。écriture de la lumière 是对这一希腊语的直译。——译注

您用一段格言总结了这些观点："物体不过是光的假托（prétexte）。如果不存在物体，那么光的循环就不会终止，我们甚至不会感觉到光的存在。如果没有主体，那思想的循环就会无穷无尽，并且在意识中也不可能存在思想的回响。主体是思想在其无尽的循环中驻足、反思（se réfléchit）的场所；而物体则是让光停留并反射光的地方。因此，摄影就是光的自动写作。"

归根结底，并不是我们在把握世界的某一部分，我们只不过是让光停下的障碍。其实还是那个相同的观念，即存在一种独立于主体的思想：我们思考世界，但世界思考我们（nous pensons le monde, mais le monde nous pense）。这其中没什么神秘的东西，只不过是一个极为宏大的过程，并且我们不应该号称是我们将思想带入世界之中的，我们不过是其中的一点火星、一个片段。思想和光一样，不过是这一宏大进程中的一个阶段。在宇宙中，有两次突变（grandes mutations）：其中之一便是宇宙的自我分化。它让光出现，世界因此变得对自己可见，变得与之前截然不同；思想则是第二次突变。通过它，诸物种和世界变得即使不能说是可理解的（intelligible），也至少是自省的（réflexifs à eux-mêmes）。

我们不过是一些片段，但我们同时也有另一个重要的角色，那就是存在于此，让光和思想在此停止。我们就是

8. 光的片段

枢纽，是刺点，一个具有确定性的角色。现在，我重新回到我研究物的时候作为出发点来提出的命题：是世界在思考我们，是物在思考我们……不幸的是，这一颠倒仍然将可逆性（réversibilité）翻译为非此即彼的（alternatifs）两端，因为话语强迫我们必须这样说。应当竭力通过某种对境况的诗意转换，以在同一个形象中表达这种可逆的形式。

但不是像阿波利奈尔（apollinienne）那样把光当作清晰和透明的，后者以隐喻的方式伴随着整个西方思想史，将与对象相符的知识作为其追求。也不是巴塔耶意义上作为无尽能量之源的太阳……而是相反，一种投下阴影的光线……如瓦莱里所言："而这样送还光辉，也就将玄秘召回了幽深的一半。"①

当然。它并非阿波利奈尔的"光辉"（lumineux），也不是巴塔耶的太阳——一处不需要补偿和交换（contrepartie）的能量之源，因为它内部就有着交换和补偿的游戏。如果没有我们的存在，那也不会有光或思想的生成。多亏了我们它们才能生成，但根基的流（flux de base）、根基的能量却来自别处。

---

① 参见瓦莱里（Paul Valéry）的《海滨墓园》(«Le cimetière marin»)，引用卞之琳中译。——译注

光来自别处……当心，人们可能要觉得您受到了某种启示（illuminé）！

并不存在一个确切的来源，但这不能改变光来自宇宙秩序之断裂处的事实。在一开始，它并不在那里，这一断裂创造了诸如物质和反物质之类的东西。即便反物质由于物质排挤而被放逐到无垠太空中，但这无损于它的存在。反物质就是黑暗的大陆（continent noir），它当然也会向外辐射。我们暴露在反物质的辐射（rayonnement）中，它让我们成为"黑体"（corps noir）①。希望如此！我们不仅仅是光的工具！

关于当代艺术——这也是它在我看来变得无用、荒唐可笑且让人毫无兴趣的原因——我觉得似乎光不再显现于其中了。光源还在，但光不再有了，除了霍普②和培根③的一些作品之外。对于许多摄影作品来说也是一样。在电的世界里，光还剩下了些什么呢？但二者之间的对比本身就很吸引人了。我本人就对拉斯维加斯人造光的世界——赌博游戏的世界，赌场就是一个个有着刺眼灯光的（violement éclairé）地下墓穴（catacombes）——和环绕赌城的沙漠中强烈的太阳光之间神奇的对立很敏感。

---

① 在热力学中，"黑体"是一个理想化的物体，它能够吸收外来的全部电磁辐射，并且不会有任何的反射与透射。随着温度上升，黑体所辐射出来的电磁波与光线则称作黑体辐射。——译注
② 爱德华·霍普（Edward Hopper, 1882—1967），美国画家，以描绘寂寥的美国当代生活风景闻名。代表作为《夜游者》（*Nighthawks*）。——译注
③ 弗朗西斯·培根（Francis Bacon, 1909—1992），英国画家。——译注

9. 片段的片段

不再投下任何阴影的人不过是他自己的阴影。

难道人们不总是在某种方式上忠于自己的青年时代吗？您对哪种思想或行为保持着忠诚呢？

毫无疑问，我始终秉持着关于断裂的观念，一种兰波式的暴力的断裂（rupture violente）。它发生在我的青少年时代，并伴随着强制的、极为迅速的同化——这是记忆的狂热形式——最终它们都融合为批判性的总体。这一暴力的断裂同时也结合了一种智性的和社会的断裂，对我来说一切都开始于此。从根本上说，它从未改变，只不过我终结了其中累积性的维度（dimension accumulative），或者这一维度只是变得更加隐秘（souterraine），因而也更加沉默且不那么有效了。我们是不是一定要在某人的自传中找寻断裂的深层次原因呢？也许吧……我挺害怕对自己做社会学分析的（faire de la sociologie），但我的确和自己的家庭，和我出身农民的父母，和我所生长的缺乏教育的环境发生过断裂。这种断裂将我推入——这一推动力来自我父母的某种模糊不清的幻想，我本人完全没法知道究竟是什么——更加有教养的层次中，可是我却一直深刻地忠于这种原初的无教养（inculture primitive）。文化是一种附加之物，我们必须能够拒斥它、清除它、放弃它（s'en passer）。真正重要的是文化之外的事情。

"人们谈论自己的时候永远不会说出全部的真相，而是将它作为秘密保存起来，只以片段的方式传递出去。"这种微妙而审慎的片段化原则对现实世界和理论及概念的世界同样受用。我们应该仅仅说出片段，而将其他的东西都作为秘密隐藏起来。这就是克尔凯郭尔的"审慎的分寸"（délicatesse scrupuleuse）① 原则，而我很乐意再加上"不审慎的分寸"（délicatesse sans scrupules）或"不审慎的守秘"（discrétion sans scrupules）。

---

① 这里指的是克氏所谓分寸的原则（law-of delicacy），他认为："允许作者使用其个人经历的分寸之原则是，他从不说真话，只把它留给自己，只允许它以不同的方式浮现出来。"参见 Søron Kierkegaard, *Journals and Papers*, IV, A161, Indiana University Press, 1975。——译注

*

幸福是最简单的解决之道

对于由主体及他/她的命运所导致的难题来说，我们被迫拥有的自由是最简单的解决办法；同样，对恶的问题来说，强加于我们之上的幸福也是最简单的解决之道。或者，比幸福更容易应付的不幸才是恶的解决之道。

自由终结于完全的解放（libération intégrale）；对解放之反动产生了新的奴役，并让自由终结于其中。类似的，完全的幸福将我们导向了一种关于不幸的文化，关于受害者的文化，关于责难、悔恨、揭发和悲惨的同情（compassion misérabiliste）的文化。

我们不断地用各种方式抛弃自由和幸福，但同时也持续地在话语中言说它们；我们总是在梦想着完美的幸福，但也预感到伊甸园里潜在的无聊。但如果不等待伊甸园的降临，那么我们此时此刻就将直面生活的理想条件（conditions idéales），后者正是将业已完成了的技术文化作为其形式。进一步，正是出于对这种最终条件的敏感，我们才在此时此刻或激烈或沉默地发泄着，我们才倾向于将不幸——某种"定速巡航"（formule de croisière）或逃逸线（ligne de fuite）——当作面对关于幸福的恐怖主义的阴谋（complot terroriste du bonheur）时最长远的（durable）

解决办法。

我们实际上并不十分接近恶或者恶的本质。相反，不幸实际上才和恶以及恶的原则完全相反，不幸才是恶的否定（命定的策略？）。

"我们知道地狱以及在地狱中遭受煎熬的人是怎样一回事，因为地狱永远只会有恶存在。但对于那些生活在天堂里因而丝毫没有恶的观念的人来说会怎样呢？只有上帝知道什么在等待着他们。"

不能承受之恶

荷尔德林说："直到神的缺席为我们提供帮助（Bis Gottes Fehl hilft）。"事实上，上帝之死是一次机会。它是超越性的终结，将一切责任释放到另一个世界里。从那以后，世界就存在于此，内在于此。世界是完全自明的，并且这一自明性让人难以承受……确切地说，这就是恶，并且不再有任何可能的救赎。或者说，救赎改变了自己的含义：不再是关于人或者其罪恶的救赎，而是上帝之死的救赎。上帝之死（体现在预言失败的种种情形中——米尔曼[①]）

[①] 指的是德国人种志学者威尔海姆·米尔曼（Wilhlem Mühlmann），让·鲍德里亚曾在20世纪60年代翻译过其著作。参见 *Messianismes révolutionnaires du tiers monde*（《第三世界的革命弥赛亚主义》），Paris: Gallimard, 1968。——译注

必须被对世界的强制性转变——以幸福作为其目的——所弥补。我们必须不惜代价地通过对世界和自身的完全实现（我们又能在这里重新提出完全真实的问题）来确保自己的救赎。善与恶，虽然仍是对立的两种力量，但在同超越性的张力之中二者又关联在了一起。同时，为了最佳成就（accomplissement optimal），为了让世界在善和幸福的征兆（signe）之下最终实现，善恶又会分离。事实上，由于驱逐了恶，幸福和善的道德本质之间仅仅有着疏远的联系。这种善不再具有任何道德的性质，因为它已经被幸福的表现所耗尽了。关于表现的理想用道德上的超越接替上帝的位置，由此产生了世俗的超越性，并进一步完善了马克斯·韦伯（Max Webber）在《新教伦理与资本主义精神》中所做出的描述，即以价值为准绳来改造世界是为了上帝至高的荣耀。其目的正是在于让世界变成透明的和可操作的，除了根除一切的幻象和邪恶的力量——或者说一切恶和恶的原则——之外再无别的目标。如是，在善的霸权之下，一切事物都在越变越好的同时越变越坏。因为善与恶的分离在这一相同的行动中同时导致完全的善和完全的恶。

论恶和地狱的必要性

如今，不再有任何不可撤销的罚入地狱（damnation）

之惩罚了，也不再有地狱。我们可以承认的是，虽然我们还是有着关于炼狱（Purgatoire）的混杂（bâtard）概念，但一切事物都潜在地落入救赎的范畴内。显然，这种福音布道（évangélisation）揭露的是所有正在彰显、宣扬着康乐（bien-être）和成就（accomplissement）的征兆，后者为我们提供了一种遵从于第十一条戒律（Onzième Commandement）——"要快乐，并给出一切关于幸福的征兆！"（Sois heureux et donne tous les signes du bonheur!）——的乐园文明（civilisation paradisiaque），却也正是这条戒律取消了其他所有的戒律。我们仍然可以解读出对救赎和普世拯救的需求，不仅是在如今的暴力和不公平之中，也存在于过去所有的犯罪和冲突事件之中，尤其是当它们以回溯的方式被拿出来重新追责的时候……人们对这些事件重新提起了诉讼，被起诉的是诸如法国大革命、奴隶制、家庭暴力、臭氧层空洞和性骚扰之中的原罪——简而言之，为最后审判（Jugement Dernier）的到来所进行的预审早已开始：先是谴责人类的历史，随后便是赦免和辩白（blanchir），以便能根除恶，哪怕它遁藏在缝隙中也不放过，直到我们能够营造出一幅喜气洋洋的世界图像，时刻准备着进入另一个世界。多么宏伟的事业！它是非人的（inhumaine）、超人的（surhumaine）还是太人性的（trop humaine）？正如斯坦尼斯瓦夫·莱克所言："我们对人的观念毫无疑问是过于拟人化的。"那么为什么要投喂这间永远在制造愧疚的工厂，投喂这一内疚（mauvaise conscience）的反应链条呢？这是因为一切都应该被拯救。这就是我们如今所走到的境地：一切都将会被救赎，全部的过去都将得到平反，都将会被抛光直到透明。至于未来，同样也是好的越好，坏的越坏：所有东西都会接受基因改造，以达到生物学上的完美以及该物种的民主的完美（perfection démocratique de l'espèce）。只要能清除恶和地狱这两个脓肿，那么由功绩（mérite）和恩典（grâce）之间的等价所定义的救赎将立马交由基因和性能之间的等价来定义。

　　实际上，一旦幸福变成了关于拯救的纯粹、简单的一般等价物，那么天堂就没有存在的理由了。没有地狱就没有天堂，没有黑夜就没有光明。如果没有人被罚入地狱，那么就没有人需要被拯救（这是根据定义来说，但我们从直觉上也能理解这一点：假如没有了罪人们受折磨时的景象［spectacle］，那么除了沉思［contemplation］上帝之外，神的选民还能如何能获取快感［jouissance］呢？）。进一步，一旦每个人都能潜在地被拯救，那么就没有人被拯救，救赎也就不再有任何意义。这就是我们的民主事业被应许的命运：由于疏忽了恶，它忘记了必要的分辨力，因而腐烂在了胚胎之中。于是，我们需要不可撤销的恶的在场，没有救赎之可能的恶的在场，一种彻底的区分，在天堂和地狱之间永恒的二元对立，甚至是某种意义上恶的宿命论（prédestination），因为没有命运可以摆脱宿命论。其中也不存在什么不道德的东西,因为根据游戏的规则,有人赢就会有人输;哪怕大家都输,也没有什么不道德的。如果大家都赢,那才是不道德。或者说,这才是我们这个时代关于民主的理想:每一个人都能得救。这是不可能的,除非以陷入持久的竞价(surenchère)、持续的通货膨胀或无尽的投机(spéculation)作为代价。因为说到底,幸福并不是一种理想化的同他人之间的关系,而仅仅代表着和他人之间的竞争及取胜。这就是善的含义:它意味着善和个人恩典(grâce individuel)的霸权将总是被一些挑战或激情所阻挠。它也意味着,无论是何种幸福或者狂喜的状态都可能为了更加生机勃勃(plus vital)的事物所牺牲。这种生机可能是叔本华所谓的意志,也可能是权力,或者说尼采所谓的权力意志。但无论如何,它总会揭示恶的存在。我们对于恶无法给出定义,但能够做如下总结:所有反对幸福的归宿(destination heureuse)的恶都注定(prédestination)要实现。

在欣快的兴奋(exaltation euphorique)之下,要求着最佳表现(performance maximale)和理想成就(réalisation idéale)的律令本身必然带有恶和不幸;后者的形式表现为,对这一美好前景根深蒂固地不赞同,并隐秘地提前开始幻灭。也许这只不过是献祭的另一种集体形式——祭品就是人,只是掩饰在非肉体献祭的外表下,提炼成顺势疗法(homéopathique)的一针针药剂注射进我们体内。

无论何处，只要人注定要承受完全的自由和理想的成就，那么这种颠覆就会渗入其中——颠覆正是人们为了自己的善和幸福所进行的自动发泄。当人们被责令获取自身最高的效率和最大的快感时，他们仍然处于分离的（désunis）状态，其存在亦是分裂的。在这个奇怪的世界中，所有事物（身体、性、空间、金钱、快感）都潜在地能够成批量地被接受或拒斥；它们都还在那里，并没有在物理的意义上消失，但一切又在形而上学的意义上消失了。人们常用"像着了魔"（enchantement）来形容这种变化，但它实际上更多的是一个祛魅（désenchantement）的过程。如其所是的个体正变得完全和它们所是的东西一样。因为个体不再拥有超越性和图像，他们将自己的生命活成了某种功能。如果从另一个世界观之，其功能完全是无用的；甚至对于个体自己来说，其生命也无关紧要。反而，由于不存在别的可能性，他们反而把自己的事情做得更好。没有任何情形、本质或人格的实体（substance personnelle）配得上独异的表达。人们为功能性的存在献祭了自己的生命——他们分毫不差地将关于他们生命和表现的数字计算、复制、粘贴下来。存在的确得到了实现，但同时存在也被否定、被妨碍、被拒斥。这完全是一种否定性的反移情的结果。

类似地，这一关于最佳表现的律令会与民主的道德律令产生内在矛盾，后者以民主和对机会及权益的平等分享为借口，要求我们不断地将所有人重置为平等地位，将一切事物重置为零。从对所有人的拯救以及普世的救赎来看，没有人有权让自己被区分开来，没有人有权去诱惑（séduire）别人。为了让正义得到伸张，所有的特权都要消除，每个人都被要求自愿放弃任何特别的品性，重新生成为基本粒子——基于平均化和懊悔的集体幸福只会将社会导向其最小公分母和最初级的平庸。它好像是夸富宴的反面：每个人都在竞相比较谁更为接近最低限度（minimal）、谁受到了更大的伤害（victimal）；每个人都顽强地培养着自己和他人之间最微弱的差异的同时，又在努力修补着他们之间各种各样的同一性。

悔恨和非难是同一种运动：非难即回到罪行之中，以修正其轨迹和结果。这就是我们不断回溯历史的时候所做的事情：我们回到遍布人类罪行的历史之中，以便从当下开始就为最后审判的到来做忏悔。虽然上帝已经死了，但审判还在。这便能解释我们在整个 20 世纪末都在做的事——一场广泛蔓延的、关于悔过和改写（对历史的改写，同时也期待着在未来能够对种族进行基因和生物学上的改写）的综合征。我们焦虑地想要配得上拯救，总是着眼于审判的最后期限，想要摆出一副理想的受害者的样子来。当然，我们所谈论的并不是任何实际发生的审判或真诚的悔过；它的目的不过是充分地享受由自己的不幸所导致的戏剧化表演罢了。"人类在荷马时代曾是奥林匹斯山众神注视的对象，而如今则是自己的对象了。人类的自我异化已经达到这样的程度，以至于它能把自身的毁灭当作放在首位的快感来体验。"①

令人心碎的修正主义（révisionnisme）进行到了最新的阶段：不仅仅是在粉饰20世纪的历史，而且还要修改所有在过去的世纪里发生的暴力事件，将它们重新置于人权和反人类罪的裁判之下（如今，所有的行动都要屈服于性、道德或政治侵害的裁判权）。正如我们将所有的艺术作品（包括人类基因组）列入世界遗产名录那样，我们也将一切事物列入了反人类罪之中。

这是谵妄的修正主义的最新章节：它谴责奴隶制和贩卖黑人，将之视为反人类的罪行。这一荒谬的提议试图用我们西方人的人道主义意识来矫正过去，也就是说又要再一次从我们自己的标准出发，后者正是来自最纯粹的殖民主义传统——这种关于愧疚的帝国主义真是过分至极！事实上，其理想在于，借助官方的谴责，让与这个事件"相关的人"走出这场悲剧；并且，只要他们的权利得到恢复，只要他们被认定、被赞颂为受害者，那么就能让他们完成应有的哀悼，就能让历史翻篇，就能得以完整地参与到当代历史的进程之中——这就算是一次成功的精神分析了。也许，参照我们对待犹太大屠杀（Shoah）的幸存者时所使

---

① 参见汉娜·阿伦特编《启迪：本雅明文选》，张旭东、王斑译，生活·读书·新知三联书店2008年版，第264页。——译注

用的畸形的等价方式，非洲人甚至能将这一道德上的承认转译为损害赔偿（dommages-intérêts）。因此我们提供更多的补偿、赎买、平反；然而这种所作所为只不过是在这种野蛮的剥削之上增加了一些由哀悼所提供的虚伪的赦免，不过是借由怜悯将恶转换为了不幸。

从我们这种再处理（recyclé）的人道主义视角看来，整个历史都是纯粹的罪行；实际上，没有这些罪行的话，根本就不会有历史。"如果我们消除了人性中恶的部分"，蒙田写道，"那么就会摧毁生命根基性的条件。"在这个意义上，该隐杀死亚伯就已经是反人类的罪行了，几乎可以称为种族灭绝（因为当时总共只有他们两个人类！）。而且，所谓的原罪难道不就是反人类的罪行吗？这一切都很荒谬，这一切人道主义的、回顾性的（rétrospectif）粉饰都很荒谬，并且它们都来自对恶和不幸之间的混淆。恶是世界之所是，并且是世界之所曾是，我们可以清楚地考虑到这一点；而不幸则是世界从来不应该所是（n'aurait jamais dû être）——但以什么样的名义呢？以其应该所是的名义，以上帝之名，或以超越的理念之名，以一个我们很难定义的善之名。我们可以用罪恶的（criminelle）视角审视罪行——这正是悲剧的视角；或者我们可以采用责难的（récriminatrice）视角——这正是人道主义的、动人的、多愁善感的视角，正是它要求我们不断做出补救。从根本上来说，这就是来自道德的谱系学深处的怨恨，它要求我们补偿自己的生命。

　　这种回溯性的怜悯、这种将恶向不幸的转换可以说是20世纪最为繁荣的产业了。首先作为心理上的敲诈，让我们都成为它的受害者，甚至在我们的行动中，让我们只能期望最低限度的恶（保持低调，做任何事都只做到其他任何人都能做到的程度——让你的存在免遭刑事追究[décriminalisez]！）。其次，作为一种能够带来巨大产出的有利可图的行动，因为不幸（在它全部的形式之下，从苦难到不安全感，从压迫到抑郁）构成了一种象征性的资本，对不幸的剥削从经济的角度上说，有着取之不竭的利润，甚至超过了对幸福的剥削。如人们所言，这是一处矿藏，其矿物无穷无尽，因为它的矿脉就是我们每个人。不幸有着最高的价格，而恶却不能被交易，因为它无法被交换。

　　将恶转写为不幸，接着又将不幸转写为商业的或戏剧化的价值——这一过程中常常伴随着受害者自己的共谋和赞同。但同时，受害者同他自己的不幸之间的共谋又构成了恶的反讽本质（essence ironique du Mal）的一部分。正是因为如此，没有人想要他自己的幸福；出于相同原因，在这个所有可能世界中最好的可能世界里，没有事物会变得更好。

图书在版编目(CIP)数据

片段集:让·鲍德里亚与弗朗索瓦·利沃奈对话录 /
(法)让·鲍德里亚著;田争争译.—南京:南京大学
出版社,2023.1
(当代激进思想家译丛 / 张一兵主编)
ISBN 978-7-305-26031-5

Ⅰ.①片… Ⅱ.①让… ②田… Ⅲ.①哲学—法国—文集 Ⅳ.①B565.5-53

中国版本图书馆CIP数据核字(2022)第143210号

D'un fragment l'autre：Entretiens avec François L'Yvonnet
© Editions Albin Michel-Paris 2001
Current Chinese translation rights arranged through Divas International,
Paris 巴黎迪法国际.
Simplified Chinese edition copyright © 2022 by Nanjing University Press
All rights reserved

江苏省版权局著作权合同登记　图字:10-2014-235号

出版发行	南京大学出版社
社　　址	南京市汉口路22号　邮　编　210093
出版人	金鑫荣
丛书名	当代激进思想家译丛
书　　名	片段集:让·鲍德里亚与弗朗索瓦·利沃奈对话录
著　　者	[法]让·鲍德里亚
译　　者	田争争
责任编辑	张倩倩
照　　排	南京紫藤制版印务中心
印　　刷	南京爱德印刷有限公司
开　　本	635 mm×965 mm　1/16　印张12　字数115千
版　　次	2023年1月第1版　2023年1月第1次印刷
ISBN	978-7-305-26031-5
定　　价	58.00元

网址:http://www.njupco.com
官方微博:http://weibo.com/njupco
官方微信号:njupress
销售咨询热线:(025)83594756

* 版权所有,侵权必究
* 凡购买南大版图书,如有印装质量问题,请与所购
　图书销售部门联系调换